创业为了什么?

安生 著

電子工業出版社.
Publishing House of Electronics Industry
北京 • BEIJING

图书在版编目（CIP）数据

创业为了什么? / 安生著 . -- 北京 : 电子工业出版社 , 2019.6

ISBN 978-7-121-35602-5

Ⅰ . ①创… Ⅱ . ①安… Ⅲ . ①创业 – 通俗读物 Ⅳ . ①F241.4-49

中国版本图书馆 CIP 数据核字 (2018) 第 263698 号

书名: 创业为了什么?
作者: 安 生

策划编辑: 胡 南 梁 涛
责任编辑: 潘 炜 文字编辑: 梁 涛
印 刷: 三河市鑫金马印装有限公司
装 订: 三河市鑫金马印装有限公司
出版发行: 电子工业出版社
     北京市海淀区万寿路 173 信箱 邮编 100036
开 本: 880×1230 1/32 印张: 8 字数: 150 千字
版 次: 2019 年 6 月第 1 版
印 次: 2019 年 7 月第 2 次印刷
定 价: 49.80 元

凡所购买电子工业出版社图书有缺损问题，请向购买书店调换。若书店售缺，请与本
社发行部联系，联系及邮购电话: （010）88254888，88258888。
质量投诉请发邮件至 zlts@phei.com.cn，盗版侵权举报请发邮件至 dbqq@phei.com.cn。
本书咨询联系方式: 010-88254210，influence@phei.com.cn，微信号: yingxianglibook。

推荐序 1

2018年是我国改革开放40周年。这一年年末，我收到了安生寄来的她的处女作书稿——《创业为了什么?》，她希望我为这本书的正式出版写几句话。

创业，是在改革开放过程中出现的一种崭新的经济现象和社会现象。40年来生生不息，成为伟大时代最重要的标志之一。北京中关村是中国创业大潮的发源地之一。最初的创业者是从大学、科研院所走出来的教授和科研工作者，接着具有一技之长的机关干部、国企员工、刚毕业的大学生、从海外学成回国的"海归"，先后加入了创业队伍。创业者们冲破陈旧思想观念的禁锢和传统体制机制的束缚，以争天下之先、敢于冒险、不惧失败的精神，进行技术创新、产业创新、商业模式创新，他们是改革开放的探路者，也是拥抱世界新技术革命的先行者。正是像在中关村创业这样的星星之火，点燃了中国，形成了后来涌现的大众创业、万众创新的燎原之势。安生笔下记述的这几位创业者就是众多创业者的代表，他们的创业历程是40年波澜壮阔、激情燃烧岁月的缩影。

其实，本书的作者安生也是创业大军中的一员。

安生是我从小看大的孩子，在我眼里她一直是个漂亮、随和、听话的乖乖女。然而这个"乖乖女"只有在考大学时，听取了我的建议，填报了编辑出版专业，之后她的每一次选择都超出了我的预期。

她先是在上大学期间报名参了军。我支持她的这个选择，因为我自己也曾是一名军人。再次见到她，是她刚从部队退伍回来，虽然没有穿军装，但是英姿飒爽，仍然保持着军人的姿态。我叮嘱她尽快回学校报到，继续学业。而她却告诉我要先和几个朋友合伙创业，还满腔热情地给我介绍了她们将要开始的创业项目，把所谓的商业模式头头是道地说了一通。

当时我想跟她说，创业成功不是一个大概率事件，尤其是对一个刚刚退伍、大学还没毕业的女孩子来说，不懂技术、不会经营、没有人脉资源，现在创业等于失败，可是话到嘴边，却没有说出来。看着安生那张真诚而充满自信的脸，我想，与我们相比，年轻是安生最大的资本和资源，她就像早晨刚刚升起的太阳，有足够的时间和空间去做自己想做的事情，同时面对不可避免的挫折和失败，自主创业，试一试、闯一闯，也是一场历练。后来，我听说安生参加的第一个创业项目失败了，她又到互联网公司当了一名记者，负责采编和主播工作。离开互联网公司以后她回到校园继续她的大学学业。最让我没有想到的是，安生把她在工作中搜集积累的资料，结合在大学里所学的专业知识，写出了这本书——《创业为了什么？》。

在这本书中，安生以其细腻、流畅、生动的文字，记述了几位创业者的故事，字里行间也融入了她自己创业的经历和对创业的感受。《创业为了什么？》这本书写出了所有创业者的回答：为了实现自己那个飞翔的梦想！看完书稿，我被创业者们的精神所感动，也深深地感到安生这个昔日的乖乖女长大了。

在安生之前，已经有许多人写过关于创业者的故事，但我还是要向读者特别推荐这本书。

因为，大学生可以把它作为励志的课外书，创业者可以把它作为创业入门的必读书，家有创业儿女的父母可以把它作为了解自己子女创业心路历程的参考书。

因为，写这本书的是一个风华正茂的小女孩，同时她现在也是一个在校大学生、一个退伍军人、一个记者、一个作者、一个创业者。2018年是她24岁的本命年，而她的未来具有无限的可能。

戴卫

（曾任北京市政府副秘书长、中关村科技园区管理委员会主任）

2019年2月26日于北京

推荐序 2

安生曾是我的主播搭档，我们共同做了一档节目——《蛋解创业》。

这档节目让我们结识了很多优秀的创业者，也挖掘了很多真实的创业故事。

初见安生时，感觉像是十指不沾阳春水，有点仙气，但也有点戾气，听闻她曾当过兵，退伍后又创业，这可一点也不"安生"！

后来我们一起录节目，举办活动，我发现这姑娘最大的优点是善于倾听，总能让搭档和嘉宾感觉舒服自在，从而放下戒备，畅所欲言地分享自己的创业经历。虽然她也曾妄自菲薄，担心自己并不是专业主播出身，年龄和经历的匮乏让她无法更深入地挖掘信息，总结商业规律。但好在，她聪明又好学，她做到了。

越来越多的听友开始喜欢她的声音。

越来越多的创业者愿意选择信任她，与她讲述创业过程中的酸甜苦辣。

可有一天，她却告诉我，她想回到学校，继续念书。

尽管我有诸多不舍，但我还是真心祝福她，并告诉她，《蛋解创业》是你的港湾，随时欢迎回家。

她是个理想主义者，许多创业者也是，但是创业圈却是实实在在的名利场。胜者为王，败者为寇，很少有人倾听失败者的声音，而只会关注成功的企业家。我知道她内心的挣扎，也知道她在渴望什么，寻找什么，我们都有一个共同的理想——帮助更多的创业者找到自己的出路。

没想到一年过后，当她捧着这部书稿给我看，邀请我做第一位读者，为她写推荐序时，我既欣慰又感慨，她还是那个不"安生"的安生，尽管回到学校读书，还是停不下脚步。她用才情写下了一个个动人的故事，用细腻守护住了创业者的一方净土，冷静却又温暖，客观却又真诚，创业者众生相跃然纸上，动人心扉。

希望读完这本书后的你，可以加深对创业的理解，明白自己到底为何创业。同时也要提醒想创业的朋友，不是所有人都适合创业，冷静！

耿伟（蛋蛋）

蛋解创业创始人

推荐序3

我觉得所有看这本书的人都会有疑问。

一个20岁出头的小丫头能写出什么创业的"阳春白雪"和"下里巴人"？一群"老江湖"凭什么跟你掏心掏肺？不会又是整本的公关稿吧？

作为一个认识安生很多年的朋友，以创业者的尊严担保——不会的。安生这种任性地去当兵、辍学去创业、神农尝百草一样体验过人生百味后，又回到学校读书的丫头——她容不得不真实，不性情。

创业有多简单，跑趟工商，门口发名片的代办立刻就能告诉你。

创业有多难，创始人不时传出自杀的新闻，曾经的明星企业以各种方式崩盘会告诉你。

创业有多像生养孩子，安生小姑娘来告诉你。

一般来说有两种创业，一种把事业当猪养，一种把事业当孩子养，安生只讲当孩子养的那种。

有一个寓言描述创业——小黄鸭的故事。

从前有一天，一万多只小黄鸭相约要涉水过鳄鱼池，经过一场血腥的大迁徙之后，就那么几只小黄鸭过去了。记者采访游到对岸幸存下来的小黄鸭，幸存者说："我先一个鹞子翻身，再一个夜战八方藏刀式，然后托马斯全旋，接一个老太太钻被窝，于是终于涉险过关，一切都是因为我的天赋异禀和坚毅的信念。"

"那你给我们再表演一次，从鳄鱼池游回去呗？"

"绝不！"

幸存者偏差让我们看到的都是反推成功学，我们被迫功利地去关注什么能让我们成功，而不是关于创业的全貌。

那么对于创业这个"围城"，我们其实更愿了解，这一万多只小黄鸭到底是为什么踏入这鳄鱼池——是生活所迫，还是游到鳄鱼池的对面就能变天鹅，还是因为"I have a dream？"

所以我作为洪流之中一只"小黄鸭"，其实更希望看到创业者不足为外人道的另一面——浮华背后真实的创业者。

在A面，他们是一个融资了四轮的有限责任公司的CEO，运筹帷幄、决胜千里、精英气十足；在B面，每个创业者还是孩子的家长、妻子的丈夫，是员工的主心骨，是背负投资人和用户信任的无限责任人。

让一个混迹创业圈的小姑娘讲述一下这些人B面的样子，不设防的样子，真实的样子，可能就是这本书想呈现的样子——那些鲜活的人、鲜活的理想、鲜活的人生。

——那些有限责任公司背后的无限责任创始人。

阚欧礼

捌比特咖啡创始人

自序
写在最前面

2015年11月份，我通过众筹参加了一个新媒体培训的课程，意外地结识了蛋解创业的小伙伴孤鹜。课程结束后，我们站在马路边等车，他说："我们在做一个电台，一直想找个女主播，有空来棚里玩。"无心说了这么一句话，他连名字都没告诉我，我也没太当回事。

直到后来某个周六，我和孤鹜约好来他们棚里坐坐。当时我和蛋解创业团队6个人外加听友挤在不到十平方米的录音棚里，我好不容易搬个板凳坐下了，左手边一个胖子说话了："我是蛋蛋。"

说完他意味深长地停顿了一下，可能是留给我一个发出仰慕尖叫的时间。

"谁？"

对面的女生开始笑。孤鹜向我介绍道："这是我们蛋解创业的创始人蛋蛋。"

"哦，你就是老板啊！"

蛋蛋眯缝起一双小眼睛，开始打量我："你听过我们的节目吗？"

"没有。"我实话实说。角落里另一个胖子"噗嗤"一下笑出了声。

我开始主动挑衅："你们蛋解创业是做什么的？盈利模式是什么？"

"我们呀，就是一帮人胡说乱道啊！"

"胡说乱道？那你们怎么拿到投资的？"我有点狐疑，这是一个什么样的组织？

"看见对面那个屋了吗？搞投资的，我们比他们来得早走得晚，他们就给我们投资了。"

我惊诧道："啊？这也行？"蛋蛋一看，终于把眼前这个小丫头唬住了，于是翘起二郎腿，开始漫不经心地抽起烟来。

当时我21岁，不知天高地厚得很，觉得反正跟这种人也聊不出什么正经话来，索性放开了，也无所顾忌起来。

"你是老北京人？"我问。

"对啊，南城的。"

"你都在哪儿上过学？"

他一五一十地报上一串校名，不料被我反咬了一句："你没上什么好学校呀？"这回，全屋子的人都笑了。

他夹着烟的手一挥："你看对面最黑的那个人怎么样？"他指着大海。

当时大海被青青和娇娇这对双胞胎姐妹花围着，还有一个女听友。我想了想回答道："被小姑娘左拥右簇，还戴个小眼镜，衣冠禽兽，不像什么好人。"我话音刚落，蛋蛋发出了放荡不羁的笑声。

"那你看那个呢？"他指着胖班长。

这个时候孤鹜突然插嘴："他是我们这儿打杂的，你看他胸前那个机器猫，他既是财务，又是摄影，还是文案，啥都会，就是没有女朋友。"

我幽幽地蹦出一句："不会是gay吧？"屋子里炸开了锅。正值寒冬腊月，大家却都笑出了好多汗。屋子里的人，除了女生我都数落了一个遍，就连我的老同学孤鹜，也被我黑得直躲我挑衅的眼光。

蛋蛋在烟雾里眯着眼看了我一会儿说："你来我们这儿当女主播吧。"

"回头再说吧。我自己在创业。"

"做什么？"

"叫我女王大人，火锅O2O。"

他也不生气，把烟头按灭了，站起身对我说："那你回头来我们这儿录录节目，多认识些嘉宾对你创业有好处。"

我不知道他们搞销售的是不是都这个路子，"买卖不成仁义在"，倒是挺会说话，虽然感觉这个人挺low的，但是心眼儿不坏。后来他陆陆续续叫我录过几次节目，每次录完音，点上事后烟，问我感觉今天录得怎么样。他心里很清楚，知道怎么能让我这个小姑娘心服口服地跟着他干，年龄上的优势让他不疾不徐地"撩拨"着我。

就这样，兼职录了三个月节目之后，我便正式成为蛋解创业的一员。年轻的时候，能被一个正向的集体塑形，是我的幸运。我时常感念蛋蛋的知遇之恩，没有他的提携，成就不了现在的我。

毫不夸张地说，这些年，在这个小小的录音棚里，我对话过上百位创业者。我目睹过他们得意时骄傲的脸，也目睹过他们梦想破碎后的沮丧。在这个有趣的时间和空间中，我是参与者，也是见证者。刚开始，我偷偷在日记里写下自己录制一天的感受，整理出失败案例库，后来，蛋蛋和青青、娇娇就鼓励我以一个主播的身份，或者一个23岁正在成长的小女孩的角度，去分析自己对不同行业的理解，以及对不同创业者的思考。我的心告诉我，有些文字只有在这个年龄才写得出来，因为我对商业世界抱有幻想，对长大充满期待，我的未来充满着无限的可能性，而未来的可能性是人类拥有的最美好的事物之一。它是勇气和慰藉的来源，是人类本质力量的确证，是不完美现实的让渡。这种稚嫩的状态，和对未知不设防的对话基础，推动我去观察，去思考，去模仿，去成长。

后来一次偶然的录音，让我误打误撞开启了一档以自己名字和风格为基调的节目——《×月与安生》，这档节目的口号是："用声音为你抚平创业的孤独"，每月第一周的周一播放。节目中，我会为大家讲述一些打动我的创业者的故事，以及我对创业、对生命、对人性等一些深刻话题的思考。没想到的是，许多听友为我加油打气，并告诉我，他们听到了安生的成长，并觉得在创业过程中和我一起进步是一件特别美好的事，"创业者的女朋友"这个称谓也慢慢被大家传开了。

至于为什么会写这样一本书，除了前面提到的在工作时零星记录的心得和感受之外，随意翻阅市面上有关创业的书，基本都在教方法论，从术的层面探讨如何创业，却很少有书关注创业者的内心，关注创业者的欲望、家庭、困境等问题。创业为了什么，这个问题几乎每个创业者都在午夜梦回的时候问过自己，也是直指人内心深处的灵魂拷问。我认为先在道的层面上建立自己的价值观念，然后随着工作经验和人生阅历的增加，会慢慢习得术的功法，换句话说，创业没有方法论，但可以借鉴他人的经验，结合自身的资源和能力，形成自己的"套路"。

更进一步讲，所有的媒体报道更多地关注"公关"的层面，但是以创业者的角度切入，去谈人生信念、虚空、意义、价值感这些问题却是目前市面上少有的。创业是这个时代热度极高的关键词，而对于创业的动机和考量成功的标准永远没有固定答案。我希望能基于平等和尊重，以温暖、包容的文字风格讲述人物故事，陪伴创业者在这个过程中，探索自己的内心真正想要什么，最终找到答案。

作为一直在路上的创业者，我非常理解创业者内心的挣扎与随时随地面临的外部挑战。很多创业者其实都无法获得世俗意义上的成功，更糟糕的是，未必能获得他人的尊重。在创业的过程中，我也不断反思何谓创业，创业为了什么，成功的标准是什么，创业者的家国情怀是否与个人利益相冲突，如何面对竞争等现实问题。

作为一名创业节目的主播，我希望从观察者的视角，写下一些创业者的故事，记录这个时代创业者的心路历程，发扬创业者精神。同时我希望挖掘优秀创业者的共性——从成长经历到创业过程，每一次选择背后的依据是什么，判断的标准又是什么，他们是如何思考的，又是怎样学习的，为其他创业者提供可以借鉴的经验和知识。

　　而作为一个"创业者的女朋友"，我经常会收到很多焦虑迷茫的年轻人的求助信息。在他们眼中，这世界很大，却不知通往成功的入口在哪里，他们想要追赶时代潮流去创业，却看不清方向。身为女性，我更容易与创业者产生同理心和情感共鸣，给创业者慰藉和关怀，让他们在创业的过程中不再感到孤单。同时我个人的成长经历结合我的观察与思考，不仅在情感上给予创业者陪伴，更能带给他们一些新的启发和鼓舞。

　　于是，有了这本书。

　　读过之后，你会发现，创业不仅仅是为了世俗意义上的成功，还有更多的动机和可能性等待你去探寻。

　　著名财经作家吴晓波曾说："'90后'还没有到他们那个时间点，他们中的代表人物还没有出现。他们肯定更多元化，只不过他们现在还没有机会或者找到一个方式来表达自己的态度。"

　　而我在采访的过程中意识到，其实各个年龄段的人在20岁出头的年纪里，纠结和困惑的问题都差不多一样，我今天遇到的问题，早就有人经历过，并且找到了更好的方式去解决。我当下要做的，就是模仿和学习，然后结合这个时代的新技术、新机遇，去实现自己的理想。

　　我希望过来人的智慧能给正在读这本书的你，带来一丝启发，拨开云雾见月明。愿我们未来的路越走越宽，越走越好！

安生

2019年3月

目 录 Contents

第 1 章

创业不息 折腾不止

——"90 后"曾德钧

正式采访曾老之前，我们有过"三面之缘"。第一面，未见其人，先闻其声，曾老那期节目是我剪的。之前录制曾老那天我临时安排彩排，结果本来能跟曾老见面的，却白白错失了。我在剪节目的过程中，纠结了很久，蛋蛋、大海和曾老三个人聊了一个半小时，而按常规，节目最好不超过1个小时，50分钟最佳。握鼠标的手放在音轨上徘徊，删哪段都心疼，我心里想，曾老这么饱经沧桑的人，我一定要当面跟他聊，听他讲那些精彩的故事。

第二面，是在猫王深圳的办公室，和一群创业者，听曾老做分享。办公室里全是年轻人，装修风格也特别的年轻化。一进门就看到一整面墙，以红砖做底，墙上粉刷着被美国人亲切唤作"母亲之路"的66号公路的标志，另一面墙上用色块拼凑出一张曾老的脸，旁边是他的签名。而办公室的左手边被设计成了小型博物馆，以回顾历史的方式，见证了曾老从事音响产品设计三十多年来，极具代表性的作品。从 Hi-Fi 胆机、Hi-Fi CD 机、LP 黑胶唱机到大中小型古典式收音机、蓝牙音响、Hi-Fi 耳机、个人音乐播放器，Wi-Fi 音响等与家庭、个人相关的音响品类，可以看得出曾老的产品设计理念，经历了一个逐步转型、追求个性化生产并精益求精的过程，并且与时俱进。他的办公室更是让我看得眼花缭乱，五彩斑斓的猫王大家族，还有各式各样的 CD 唱片、LP 黑胶、盒式磁带和书籍。

曾老在分享的过程中，像变戏法儿似的，从标志性的军绿色马甲里，掏出了各种小器件，一会儿给小音箱装上了猫耳朵，一会儿又神奇地掏出了一只像招财猫一样的手柄，不可思议的是，给小音箱插上了一个迷你麦克风后，收音机居然瞬间变成了一款 AI 智能音箱。

我多嘴问了一句："现在这么多做智能音箱的，猫王除了外表特别受年轻人喜欢，其他方面有什么特别的？"

曾老没说什么，开始摆弄猫王，旋转一个按钮就是一个不同的声音，"这个是传统 FM——上海 94.7，这个是互联网播客——糖蒜广播，这个是古典音乐……"这个小音箱像万花筒一样，不停地发出奇妙的声音，周围人都顺着声响寻找声源，惊叹不已。

曾老得意地说："这是一台可以根据用户的个性形成自己独有频道和内容的收音机，你再看那些非黑即白、非银即灰、圆柱形的智能音箱，你不觉得（它们）'性冷淡'吗？"

我感觉很害羞，脸红到脖子根儿。

不过长这么大，我一直喜欢跟很酷的人做朋友，在我心目中，人酷代表着他热爱生活，永远带着最初的激情，追寻着最初的梦想，他们有一双炽热和发现美好的眼睛，从不会感到疲倦，也不会让人感到无聊。

最后一次和曾老见面，是在北大校园里，一同去上李善友教授在混沌研习社的年度大课。课后一起吃饭，曾老背着一个大书包，里面装满了他的宝贝音箱。他早上7点才到北京，上了一天的课，仍然精神矍铄。不知怎么就聊起我曾经当过兵的经历，曾老高兴地说："那你得叫我首长咯！我从军三十年，我的老婆是我领导的领导的女儿。"

更让我吃惊的是，谈起课后感受，曾老收获满满，用他的理解和通俗易懂的语言给我这个"学渣"又重新讲了一遍李教授讲的知识。他的手机备忘录里工整地写下了好几页学习笔记，建立了自己的思维模型和导图。这个一辈子都相信知识改变命运的人，直到现在每个月还固定参加几次线下大课，以谦卑、开放的心态，不断从外界吸收知识，形成自己思考的工具、做事的准则。

我时常会感慨，一个八十岁老人的身体里，极有可能蕴藏着一颗十八岁年轻人的灵魂，而一个二十岁的青年，却很可能不思进取、因循守旧。

不知道你们有没有感觉到，我们这一代年轻人正在被焦虑围困，自"葛优躺"走红以来，互联网正兴起一股"丧"文化，"感觉被掏空""空巢青年""90后中年人"还有由"保温杯"引起的中年危机。我们困惑、迷茫，感叹社会阶级基本定型，害怕日复一日再无改变，我们用"丧文化"来自嘲，拿"中年危机"当作修饰的外衣，来叙述和表达内心的慌张。

二十几岁，在王小波的笔下，是"觉得自己会永远生猛下去"，在钱钟书的笔下，是"一个人二十不狂没志气"，在凯鲁亚克笔下则是"喜欢的事情太多了……像流星一样不停地奔波，直至坠落"。可是我和身边的很多朋友聊天后才发现，有些人还没年轻就已经"老"了。我们明明生长在互联网时代，有更多元化的表达方式和选择自由，然而，生活却让大家变得焦虑不安，仍在被那些老套的问题所困扰，诸如要不要为了户口在事业单位安于现状，要不要留在大城市打拼买房？

生活日复一日，人们越长大，越容易陷入一种固定模式，往往在年末总结时，总觉得除了日历上的数字，今天与昨天并没有不同，今年与去年也没有什么改变。

我听过最残忍的一句话说，"大半的人在二十岁或者三十岁时就已经'死'了"，一过这个年龄，他们只是变成了自己的影子。以后的生活不过是用来模仿自己,把以前所说的、所做的、所想的,一天天地重复,而且重复的方式越来越机械,越来越呆板。

所以,当我见到曾老后,便觉得他才更像是我同龄人该有的样子,每周7×16小时连轴转的工作,还经常走戈壁、沙漠,甚至上高原去西藏,2017年7月份和各国的电台DJ在摩洛哥撒哈拉沙漠办电台复活节,8月份跑到拉萨和吴晓波旗下的"玩有引力"公司跨界发布新产品,9月份又跑到西双版纳和创业者们一起穿越雨林。他始终保持一种开放的心态和旺盛的生命力,即使历经了许多人间沧桑,也依然无怨无悔地去爱这个世界,积极地行动,友善地关切,在内心里没有怨恨,也没有高高在上的优越感。在和他聊天的过程中,他一点也不生疏地使用"我也是醉了""holy high"这样的网络流行语,聊起A站、B站、腐国文化、二次元也很在行。他从不刻意讨好年轻人,也不随意说教年轻人,他就是那么轻松自在地和年轻人打成一片,像冬天的火把,总能带给人们温暖。

工匠VS网红

还记得2016年3月27日,曾老去参加papi酱招标会,很多人疑惑不解,猫王这样一个经典的、传统的产品为什么要参加这样"跨界"的活动。而曾老很坦然地回答："是否去了解新的东西，是否与 papi酱合作，都是需要用独立的思维和逻辑去思考。对于新的东西首先要有开放的态度，如果有合适的逻辑，我们不排斥；如果不合适，我们不选择。对重大热点事情要有自己的判断，既不盲目跟随，也不随意拒绝。传承、学习与开放是我们一贯做事的风格。正如老罗说的：'这个时代人们犯的最大错误就是用过去的延长线定义未来。'"

你根本想象不到，这是一个60岁创业者的心里话。一个60岁的人教20岁出头的人，怎么去创新、怎么保持开放的心态，这事儿总觉得有点不对劲儿。我曾经一度以为曾老的朋友圈是专业团队运作的，无论是话术还是图片，都非常讲究、精美，但后来知道那都是曾老自己的真情流露，他对互联网很敏感，大书包、衣服里一直放着各式相机，带着他的"孩子们"走遍世界各地，有好看的地方就拿出来拍照发朋友圈，和很多"50后"的生活截然不同。

曾老经常说，现在正是自己最佳的创业期，不用考虑谈恋爱、找老婆，不需要牵挂家庭、教育孩子，并且身体健康。正是："若无闲事挂心头，便是创业好时节。"可以说，这个从改革开放初期就南下开公司的人，见证了30年来中国商业环境的巨大变化，这些变化给曾老带来了很多宝贵的商业经验。

1992年，一首《春天的故事》唱响了祖国大江南北蠢蠢欲动的心，也唤醒了曾老想要创建公司的意识。曾老来到深圳，与一家唱片公司合作，开始了第一次创业，由于不懂商业运作，合作还没有完全展开，就在几个月后结束了。

很快，一家港资音响公司正好需要一些特别的音响产品吸引市场的注意，曾老开始了第二次创业。在当时的时代背景下，几乎所有人都不懂得如何搞经营，也走了不少弯路，曾老作为技术提供方，以技术入股、项目利润分成的方式进行合作，虽然在签署协议时明确指出双方通过合作的产品获得的利益进行分成，可最后却被告知公司并没有赚钱，无利可分！就这样结束了第二次创业。

不久，曾老又与别人合开了一家公司。由于当时在深圳注册公司的自然人必须有深圳户口，可是曾老作为一名军人，连身份证都没有，何来的深圳户口？于是，合作伙伴找了一位他的朋友代为注册，成立了公司，实际投资还是曾老本人。经过10个月的运作，公司就赚了200万元。然而，曾老隔天一早去上班，发现公司被搬得空空如也，所有财产被合作伙伴独吞了！虽然后来经过法院打官司胜诉了，但第三次创业也只能以失败告终。

没过多久，注册公司的政策有了调整，曾老终于以自己的名义注册了一家属于自己的公司。当年市场机会多，凭借独有的技术和努力，曾老公司的业务很快赶超原来的公司，成为那时的中国胆机（电子管高保真音响放大器）的第一品牌。然而，没过多久，由于某种原因，这家公司被迫停掉，曾老的第四次创业又以失败告终。

2002年，从军30年的曾老选择了离开部队去追逐自己未实现的梦想。当时他有四条道路可以选：一是当公务员"转业"，由国家负责安排工作；二是毫无风险"自谋职业"，国家每月可以发几千元的生活保障金；三是颐养天年"退休"，国家负责养老送终；四是国家一次性补偿一笔数目不小的复员费。最终，曾老选择了"复员"，得到了40万元的复员费，用其中的20万元在深圳买了一套房子，用剩下的钱做启动资金，成立了极典科技，开始了第五次创业。

这一回，曾老并没有选择做胆机的设计与制造，尽管他在这方面积累了不少资源和经验，而是开始做当时正处于产业鼎盛期，与互联网相关、与IT相关的高端有源音箱和他个人喜欢的高端传统收音机。

他设计的第一款收音机是R601，设计开始于2004年，历时3年，中间颇多曲折。他在设计时将参考产品的范围确定为20世纪30年代的美国早期收音机，从几百台美国收音机中挑出一款作为参考原型，在外观风格、尺寸比例、旋钮细节等方面都有继承。相对来说外观做起来比较简单，棘手的是音质问题。成型的产品在音质上总是不能达到预期，后来他发现是没有掌握核心技术——"灵魂曲线"。Hi-Fi 音响的设计原则是"个体之和等于整体",也就是说每一个都是好的,合起来也就是好的。他用这个原则做收音机,结果却总是差强人意。在经过了几年时间上千个喇叭的试验和几百次电路参数的调整后,他终于摸索到了收音机声音设计的真谛——"个体之和大于整体"。这就是收音机系统设计中的"灵魂曲线"。收音机的每一部分,如喇叭、放大器、声学结构等都各有特点与长短,"灵魂曲线"能让它们取长补短地结合在一起。R601 后来发展出 R60x系列,以及更偏现代一点的 R30x 系列和落地式的 R80x 等。这些收音机的购买者大多来自美国、欧洲、澳大利亚、韩国等,但很少有中国人。之后,曾老又根据 R60x 系列中最高端的 R601sw 发展出一款新的收音机,特别增加了蓝牙功能和 NFC 智能无线配对技术,在收听传统电台之外还可以通过手机 APP 收听音频内容。这就是我们比较熟知的猫王收音机形象级产品——"猫王"高端系列。

直到 2006 年在柏林 IFA 展上,曾老看到了 SONOS(家庭智能音箱系统),与他的设想基本一样,这就是他心中预期的产品,代表了未来方向的产品。于是他开始在技术上做探索与实践,2010 年有了初步的结果,并专门为此成立了一家公司,也就是现在的云动创想。这是曾老第六次创业。

"你看,这是我刚给供应商汇过去的款。2008 年金融危机,我损失了大部分美国客户。当时给他们做了几个货柜的音响，一个柜已经交货了，一个柜已经到码头了，一个柜在装船，这边还有一个柜在生产。谁经得起这么几个货柜的损失？算下来损失掉几百万元。9月20号，这是最后一个还完的。"曾老给我看他的汇款记录。

2008年受金融危机的影响，曾老的工厂由几千平方米缩成几百平方米，员工由几百人缩减到二十人，公司损失严重，还欠下供应商巨额外债。然而在最困难的时候，10个核心员工没有一个人离开他，最多的一位累计拖欠了人家18个月的工资，曾老搭进自己所有身家，甚至借高利贷给员工发工资。这些人直到现在，仍然在曾老身边工作。

后来曾老只好去别的公司做高管，先是到奋达科技做技术总监、市场总监及产品总监，而后又到麦博电器做总工，每周有6个半天做高管，有6个半天打理自己公司的业务，用外边赚到的钱补贴自家公司的运营，这种状态一直维持到2013年年初。

当时极典公司的一位合伙人非常不理解曾老的做法，说："这收音机根本没有什么市场，从商业角度说是不值得花时间做的，这种没有销量的东西对工厂来说就是亏本。可是曾老这人比较固执，对自己喜欢的东西就会花时间去做。"荒岛电台的创始人黎文，曾与曾老在2014年一起众筹了一款名叫"荒岛黑胶"的唱片机，他对曾老的评价是："理论上他是一个制造商，一个工厂老板，一个商人，但我跟他接触后觉得他更像一个艺术家，一个真正的工匠。"

我对"工匠"这个词保有一种敬畏或者"忌惮"，别人十几、二十年的孤独和坚守被我特别轻松容易甚至轻浮地说出来，我都会觉得不好意思。而且我对这个时代呼吁"工匠精神"也有一些抵触和排斥。一方面"工匠"代表着对待工作专注、敬业的态度，一方面也表明重复性的工作，它是技艺的传承而非技艺的创新。比如被人们奉上"寿司之神"的小野二郎等日本诸多匠人，与之对立的是大规模工业化生产。手作与高效，专注与灵活，这其中的平衡，仁者见仁，智者见智。但我认为，我们这个时代应该鼓励更多的艺术家和极客，去创造浪漫、多彩的世界，而不是一味地重复。所以我更愿意用"艺术家"而非"工匠"来定位曾老。

当我与曾老探讨他是否认同外界对他"工匠"的称谓，不出我所料，曾老对"工匠"也有独到的看法。他认为匠人往往是指那些坚持多年，在一门狭窄领域里做到极致并且有独门技巧的人。匠心，首先是用心，然后是追求极致，并且不以利益为导向，如果按照这个标准的话，他完全不符合工匠标准。不过，他对新时代的"工匠"提出了更高的标准：有工匠的动手能力、艺术家的情怀，还有哲学家的思辨。

　　我提起曾老发起但又不得不中途告退的"聚匠计划"，曾老认为这与每个人的基因有关，很多做了一辈子手艺的工匠，很难跳出原有的思维模式和认知屏障，每当遇到变动，需要离开舒适区的时候，那个保护自己不受到伤害的自我，就会自圆其说，告诉自己，现在做的事情是最优的，自己是最好的，因此会因循守旧，很难做出改变。

　　这是可悲又可怕的，人们掌握信息的差异实际上是这个社会存在差异的原因所在，然而，每个人的思维里都有一堵墙，我们没办法突破自己的认知，或者根本意识不到那堵墙的存在。"保持开放的心态"这句话，听上去特别空泛，但是很少有人能真正做到，这也正是曾老最迷人的地方。即便做了30年的收音机，在一次又一次创业的过程中经历不断的打击，但曾老仍旧对于梦想、正义、创造、未来和人心怀抱着一种谨慎乐观的期待，在待人接物之中依然保持顺其自然的心态，仍旧对人世间一切美好而善良的存在充满浪漫主义的激情，他能够清晰地认识到自我的局限并保持一种汲取新知识和开阔新视野的能力。这是我最佩服他的地方。

嬉皮士VS小王子

1957年，曾老出生在湖南湘西偏僻的沅陵县。解放前，外公曾是当地的烟草局局长，娶了个小老婆，给了曾老的外婆一大笔钱和房子后就失联了。外婆没有什么文化，对儿子比较溺爱，纵容他吸毒、赌博，家产再丰厚也经不起儿子这样作，外婆开始卖田卖房，变卖家产，不到四个月就破产了，遂将曾老的母亲嫁人。

曾老上面有三个姐姐，他是老幺，虽然在家里备受宠爱，但是却有一个暴脾气的父亲。曾老的脑袋后面至今都有被父亲打的一道道触目惊心的疤痕。

曾老小时候喜欢做各种各样的玩具，但是父亲不允许，只要一看到，就把他的玩具扔上房顶。父子俩就这样做一个扔一个，扔一个做一个，正是父亲的严厉和母亲的宽容，成就了曾老愈挫愈勇、刚直不阿的性格。

孤独似乎是曾老一生无法摆脱的宿命。他很小的时候，从印刷厂的卷纸里找到长长的直筒，又找来木板做云台，买来了老花镜片，自制了天文望远镜。当他架起望远镜看到月球环形山的时候，高兴得叫母亲看，母亲却说："儿子，不对，这不是月亮，这里面没有吴刚，没有桂花树，没有嫦娥。"

他的同学也给他起了一个外号叫"谈匠",夸夸其谈的"谈",用当地的话就是讽刺他"天上知道一半,地上知道全部"。当曾老的认知已经到达牛顿的世界观时,同学们还停留在亚里士多德的世界观上面,认为太阳围着地球转。曾老告诉他们,是地球围着太阳转。同学们就认为他胡说八道,说地球才是宇宙的中心。曾老说土星外面有一个帽子,同学们就笑话他,甚至攻击他。

7岁那年,他在一位老红军家里邂逅了那个改变他一生的收音机,加上老师时常借书给他看,于是他了解到了更大的世界,学习到更多的知识,也知道了导弹、原子弹、卫星这些那个时候的热门科技。

"科技"是20世纪60年代中后期中国社会的一个关键词:1964年中国第一次成功试爆原子弹;1965年,中国在世界上第一次人工合成结晶胰岛素;1967年,中国成功试爆第一枚氢弹;1969年,阿波罗登月……这些消息通过无线电波传进曾老的耳朵里,他开始组装各种收音机,包括收不到电台的矿石收音机和勉强收到电台的再生来复式多管单波段收音机。在成长的岁月里,书籍和收音机代替了玩伴,给了他更多的精神力量。

上高中后,他不再满足于制作一些小型手工作品,开始研究磁流体发电。那个年代物资匮乏,他跑到一家工厂里,偷人家的手摇电话机，因为那里面有他想要的 U 形磁铁，被发现后受到"留校察看"的处分。

和曾老接触的过程中，总能听到他说特别喜欢、感谢现在这个时代，这个时代给了他很多机会。他说，以前大家在一起说话很多都是假话、空话、套话，很多都是违背人性的，然而现在大家越来越真实，越来越美。

我试着去理解，曾老这样的"异类""离经叛道者"在当时的环境下生活有许多压抑、痛苦，幸好他有自己的兴趣爱好能让他逃避现实，躲进自己的乌托邦。

后来曾老主动申请上山下乡，开始了种田犁地的知青生活。他把落后的抽水泵改成了自动灌溉系统；推广沼气池，解决了农民缺乏燃料的问题；带头种试验田；又与老知青一起，尝试实现公社广播自动化，并设计了一台无变压器的晶体管广播扩音机——这个项目后来获得 1978 年湖南省科技大会二等奖。即使白天干农活再累，曾老晚上都要看书学习到 12 点，由于表现优秀，他被县广播局的局长看中，局长想把他从农村调出来做广播管理员，这样可以把曾老的户口性质由农村转成城市。身边所有人都为他高兴，只有曾老的母亲不同意。她说："儿子，我了解你的特点，你是一个有远大抱负的人，我们这个小县城装不下你的理想，你必须到外面去才有发展的天地。"这位有远见的母亲的一席话，扭转了曾老的选择，为他的人生提供了新的可能。正如我们现在常说的："选择永远比努力更重要。"

在当时，入伍是可以实现到更广阔天地发展的唯一途径。但即使当兵，母亲也谨慎地认为，应该选择适合的兵种。半年后，中国人民解放军第二炮兵部队到县城征兵，曾老很兴奋，心想："二炮就是搞导弹的，那就是搞计算机和高科技，这就是我要做的。"但是到部队后他并没有进入技术部门，而是被分配到挖坑道的工程兵团。这一次，又是收音机改变了他的命运。

在新兵训练期间，团长的收音机坏了，曾老很轻松就帮团长修好了收音机，也因此得到特殊待遇，被分配到他想去的无线电报务员岗位。新兵训练之后，领导安排他去浙江学习。他把每个月的津贴攒起来，不是买书就是买元器件，一方面学习报务员的技能，另一方面跟着技师偷学电台技术。别人在休息时，他就把书里的电路图手画下来。他回想起在农村搞广播自动化革新的时候，把一个饭桌那么大的电台做成了一个只有台式电脑大小的设备，功能、性能完全一样。于是，他开始改造部队的电台，以优秀技术革新能手的身份参加1978年全国科技大会，并获得了领导的赏识。

"你说是不是知识改变命运？"曾老得意地一笑。

讲到这里，我想插一段自己当年参军的经历。当时我在上大一，沉迷美剧无法自拔，特别喜欢 Maggie Q，看她演的《赤裸特工》《尼基塔》这些影片，又酷又性感，于是有了当兵的念头。可是真正进入部队后，发现和我想象的完全不同，每天机械地训练，日复一日地打扫卫生，做一些并不"性感"也不酷的工作。新兵训练的后期，我因为会弹琴，要准备新兵汇报演出，所以躲过了不少枯燥的训练。下连队后，我开始读书，在 8 小时工作训练之外，我就把自己沉浸在书里，两年的时间大概读了 200 多本书，哲学、社会学、心理学、悬疑小说、创业财经，无所不读。一次偶然的机会，领导发现我说话不怯场，也有写作能力，就给我安排了一项任务——演讲。所以后来我代表部队参加了不少演讲比赛，这也为我日后当主播奠定了基础。

　　我跟曾老很相像的一点是，我们都不是那种"老实"的兵，即使在作风严谨、管理严格的部队，我们也明确地知道自己要什么，不放弃追求梦想，并且凭借着一技之长，到达更适合自己的舞台。1979年曾老因为与女兵谈恋爱触犯了部队纪律，被安排喂了半年猪，而我也因为不循规蹈矩，给领导惹出了不少麻烦。但我们身上都具备一种正向的、与众不同的潜质，即使有一些缺点，仍然能得到宽容的伯乐赏识。

　　之后，曾老被调入北京二炮某部从事科研工作，那段时间部队流行一股"电化教学"的热潮，需要用无线话筒和调频接收机，也就是高质量的FM收音机，曾老被安排负责这个项目的总体设计。他以前的积累都派上了用场，分别做了两个不同型号的产品，因此得到进入大学深造的机会。

大学毕业后面临提干，领导有些犹豫。作为一个颇具争议的兵，曾老在部队里不参加劳动，还有机会去读书学习，如果给他提干，有点儿说不过去。恰好在当猪倌那段时间，曾老喂完猪就去电大蹭课学习，结识了二炮第一研究所的所长助理，所长助理特别欣赏曾老的能力，极力向所长推荐。这位所长也很惜才，便把曾老调到二炮工程大学做了老师。

在当老师的7年时间里，曾老一边教学生导弹控制技术课程，一边搞科研。当时学院有三个系，每个系都有科研小组，科班出身的学员理论性很强，但是动手能力很差，于是这些组都看中了曾老的实践能力，请他来帮忙。通常一块电路板，一般要做10天，而曾老只需要一个小时，因为这里面暗含着他的独门绝技，大大提高了科研效率。因为所做的科研项目与高保真音响系统相关，这也让他成为国内最早接触、研究并设计高保真音响的人之一。

1987年夏天，为了解决高品质音频输出变压器关键的元器件问题，曾老从洛阳的铜场订购了无氧铜杆，被辗转送到上海漆包线厂，他亲自骑着自行车顶风冒雨，扛着数百斤的漆包线赶回实验室。经过数千次实验，淘汰了成吨的实验废料，终于做成了中国第一批具有实用意义的胆机，之后又成功做出中国第一台商品化胆机。

而这样一位在中国20世纪90年代业界口碑甚好的音响大师，能够活跃于如今的互联网平台，完全得益于一次无心插柳的众筹。

2013年年底，音乐天堂的朋友找到曾老，想设计一款蓝牙音箱MH-Solo，并在互联网平台众筹。乐于接受新事物的曾老没有拒绝，虽然赔了几万元钱，但因此契机接触了互联网，开始了自己的众筹之路。

隔年曾老与黎文设计并推出了荒岛唱机LP-1，作为向设计大师迪特·拉姆斯致敬的产品，一经推出便受到用户的热烈追捧，最终众筹结果也令人十分满意。

2014年10月，曾老第一次以个人名义发起众筹，产品为2006年设计的猫王2的前身（猫王1），经过近10年时间的完善，这款产品广受欢迎，众筹金额近百万元。

当时众筹还比较新鲜，一个快60岁的人玩众筹更加引起大家的关注。曾老微信朋友圈里的朋友把这件事告诉了刘强东，刘强东听到后也很兴奋，以为这件事是在京东平台众筹的，还表扬了相关团队，但其实这次众筹并不是在京东上做的。似乎是冥冥之中的安排，后来深圳京东奶茶馆开业，刘强东夫妇亲自到场，他们看到猫王2复古的造型非常喜欢，巧合的是，当时京东正在投资猫王团队（云动创想公司），后来猫王2的众筹顺理成章转移到了京东平台。

2015年3月，猫王2在京东众筹上线，45天时间内获得了360万元的众筹金额和实现了1800台的销售数量，创造了当时音乐音响品类众筹的最高金额。

2016年5月，猫王小王子完成众筹308万元，共计销售8000台，加上一元支持的用户，这次众筹获得超过10000人的支持。

曾老前前后后一共进行了10次众筹，我在这里把曾老的复盘做一个简单的梳理，给大家提供一些参考。

1. 产品：产品的迭代——适时推出用户亲切度、接受度更高，市场宽度更大的产品，定位小众精准、产品大众喜欢，但同时工艺、品质要有所提升。

2. 运作：流量即入口，流量即销量，懂得"借风"——与多品牌联合众筹"造风"——一个团队做主策划和策略管理，N个团队做执行。

3. 传播：从产品使用环境、使用人群、核心人群的群体共同属性考量产品逻辑，在传播中抓住核心诉求。传播有共鸣的价值观。

4. 社群：坚持每天发布项目进度条，根据人群特性分类，建立微信群，做到有问必答，并有针对地做市场测试和产品趋势判断。

此外，从包装、视频、众筹页面风格等多方面都需要精心设计。曾老说："众筹在中国首先是一种有效的营销活动，也是一种快速建立品牌认知的有效手段，还是一次对产品、对团队运作能力的检验方法，甚至是一种销售前置的好措施。当然，因为与用户的距离大大缩短，对工作的实效性和团队的运作能力提出了更高的要求。"

可以这么说，如今的产品，没有所谓落伍的产品，更多的是意识形态与硬件载体的平衡，被市场淘汰的从来都是老旧的思想和无力的创意。曾老在这方面深谙其道，与时俱进地推出新产品，又及时借助京东众筹、创新创业、匠心情怀等诸多因素的势能，站在了风口浪尖上，成为时下最具话题的创业者。

我认为猫王成功的另外一点，是作为猫王品牌的吉祥物，曾老的个性与品牌的调性一脉相承，这和当今网红明星所刻意安排的人设完全不同。2016年推出的猫王小王子，主打"重要的事情用心听"，人们相信60岁的曾老内心住着一个纯真善良的小王子，他有不灭的童心，也不会轻易被成见蒙蔽双眼，他和那些呆板教条的成年人一点都不一样。

2017年推出猫王OTR（on the road）和Radiooo系列，主打嬉皮风格时，曾老拍了一个视频，里面有这样一段话："我60岁，有人认为，我应该会像他们一样，他们不再做无聊的事，他们不再轻易流泪，他们不再享受规则之外的快乐，他们不再拥有幻想，他们也不再冲动，他们文质彬彬，他们小心翼翼，他们钩心斗角，他们高谈阔论，他们固步自封，他们害怕失败。他们说，你也会成为这样的人，去你的，我不要成为这样的人。我是60岁的曾德钧，我渴望，燃烧，燃烧，再燃烧！"

他戴着假发套，穿着波西米亚风格的长袍，贴纹身贴，戴蛤蟆镜，或抱着吉他，或骑着哈雷，在沿海公路呼啸而过。人们惊叹，那就是曾老的本性——纯粹、怀旧、特立独行，在乌托邦中寻找心灵的归属，虽饱受争议，但对未来永远保有好奇，发自内心地享受这个疯狂又美好的世界。

曾老说："我那个老爹要是看到我这么个打扮，还不得从坟墓里爬出来打残了我不成？怎么养了这么个儿子？"

一个浪漫的人VS一个不知疲惫的人

谈及支持他冒险的源动力，他回答了两个字："热爱"。

这些年他从没有过休息，一年三分之一的时间都在出差，有的时候从北京到深圳，一天一个来回。有一年春节，一大家子人回老家，曾老的太太对他说："今年春节，咱们回家好好过年陪陪老人，你可不可以不带电脑,不听音乐,不玩手机?"曾老按照老婆的要求做了。结果一连几天哈欠连天,没有精神,怎么睡都睡不醒,完全没有状态。可是一旦工作起来,大脑好像分泌了多巴胺,让他永远不会觉得累。

采访曾老那天,他刚刚结束混沌研习社闭关大课,嘴角上起了火泡,但是气色非常好,眼睛也炯炯有神。要知道,一个人对一件事充满热情以后,眼神是可以吃人的。就像杨绛先生在晚年出版的《走到人生边上》中所说:"一般人的信心,时有时无,或是时过境迁,就淡忘了,或是有求不应,就怀疑了。一辈子锻炼灵魂的人,对自己的信念,必老而弥坚。"

尽管工作非常忙,曾老仍能保证每天早上与家人一起吃饭,出差的时候就和妻子在酒店吃,在家的时候,妻子给他和女儿做的早餐每天都不重样,"要丰富一点,保证我这小老头一整天的能量。"提到曾太的时候,曾老一脸的得意。

"我跟你讲,我老婆啊,她就像个七八岁的小女孩一样,跟我在一起,蹦蹦跳跳的,一点也不像一个50多岁的人,我们走路出去手牵着手,睡觉的时候也牵着手。"

连回忆起两个人难得的吵架,也满是对对方的担心和关切。谈到和曾太30年的恩爱,曾老说从没有变过。

"像您这样，一辈子只做一件事，一生只爱一个人，太难得，也太可遇而不可求了。"

曾老打断我的话说："我遇到她，才是可遇不可求呢！"

甜得我说不出话来。

我一直笃定，每个人生来都是有使命的，而每一次出发都是使命感在召唤你前行。

创业，就是通过一次次的前行，意识到自己的能力和认知边界，听从天命和内心的声音，选择适合自己的路，做适合自己的事。

最终，止于至善。

这是我对创业的理解。从某种意义上来说，创业就是在找自己。

我一直很羡慕像曾老这样幸运的人，在年龄尚小，还年富力强的时候，遇到了对的人，做自己喜欢的事。虽然过程艰辛坎坷，想要突破现状，做一个特立独行、离经叛道的人也很累很难，我们很多人都承受不住高处的寒冷和孤独，而被迫和其他人一样变得平庸。但若真的能找到让自己成为英雄的使命和责任，谁不希望此生钟情于一件事、一个人？

我不知道你们是否也曾有过一丝困惑和枉然，在办公格子间里望着窗外灰暗的一角天空，感叹着外面世界的精彩和自己命运的卑微而唏嘘不已。是否在街上熙来攘往的人群中，从那些漠然无趣的面孔中看到同样渺小平凡的自己而心悸不安。我们一方面在钢筋水泥的角落里妥协着，一方面又希望可以寻找到生命的浮标让自己可以永远不离不弃。

我们在十字路口徘徊，自顾自地独行，乖孩子的路，疯子的路，五彩的路、流浪的路……在我们没有找到能让我们停留的人和为之奋斗终身的事情之前，我们都在路上。

采访结束后，趁我去接水，曾老在我的夹子里别了一张小卡片，卡片上有四个字"为你点赞"，并且俏皮地在空白页上留下了一句话："犯罪有9个原因，其中之一就是无聊。"

对话

安生：通过咱们刚才的对话，您是经历过"文化大革命"、上山下乡的知青生活、改革开放，以及互联网时代，几乎每一个时期都会有思想观念的震荡和冲击，我接触的那一代人通常都持有保守的观念，特别害怕接受新的东西。所以我看您有一次在朋友圈说，这个年纪还能有意识用知识给思想洗澡，是很不容易的。您觉得费劲吗？

曾德钧：我还好的一点是，我一直相信"知识改变命运"，我从没有停止过学习。我所学的东西，都在提高我实现理想的效率。给你看，这个是我昨天更新的工具箱。熊彼特提出的"创新型毁灭"、克里斯坦森提出的"颠覆式创新"、诺斯提出的"路径依赖"，还有什么王东岳的"递弱代偿""侧枝盲端"这些名词，一旦了解，我都会去查，整理成我自己的解释。

安生：您会不会觉得学这么多东西，会在您头脑里形成干扰？

曾德钧：不会，如果自己没有主见的话，大量信息一定会形成干扰，但是如果自己有主见，就会化繁为简，去伪存真，最后留下你自己需要的东西。比如我最近在学习亚马逊的成长模式，原来我觉得亚马逊那么大的公司跟我没什么关系，通过学习后我发现，一个人把一个店做成一个世界一流的公司，他中间的路径、思维模型、方法论都可以去借鉴。贝索斯的思维模型是什么，达尔文的是什么，我的又是什么。我把所有的这些整理出来，建立自己的思维模型，然后不断丰富和更新自己的工具，由这些工具延伸自己的能力，使自己更强大。但前提是，一定要有开放的、积极的心态，先去接纳，不要还没接受就先急着否定和质疑别人。

安生：您经常去各种创业营，那您觉得创新这事学得会吗？

曾德钧：我觉得是可以学的，但是学不学得会，我就不知道了。创新一定是有方法的。

安生：您在当时发不出来工资的时候，一方面要去安抚员工，另一方面还要鼓励他们实现梦想，但是这些也需要能量支撑，无论这个能量是来自内在的还是外在的。

曾德钧：我觉得自己当时做了那么多年企业的顾问和高管，头脑需要不停切换，使得我对整个行业有了总体的认识，让我相信，我选择的行业没有错，我所拥有的技术没有问题，我所拥有的知识足够多，我的梦想也足以支撑我不放弃。这些东西都没有问题，你的信心就不会丧失。如果我生活在井底，我看到的天只有这么大，一旦来日全食的时候，天一黑就完了，感觉太阳都掉下去了。这就是人们面对日全食的状况，当完全不了解的时候，就会感到恐惧，当你了解到这就是一个正常的自然现象而已，你也就不再害怕了。

安生：也就是说，什么事情都了然于胸，也就宠辱不惊了。

曾德钧：是这样的。

安生：那您这些年来生意上的起起落落，家里人都知道吗？

曾德钧：我很少把负面情绪带回家，我老婆就是觉得没钱的日子不好过，但她也不说什么。说实话我老婆的情商非常高。在拉萨做分享的时候，本来我要分享做电台复活节的心得，结果我讲的是"创业与爱情"。我说这个婚姻跟创业关系太大了，如果我没有这么贤惠、这么智慧的老婆，我也没有今天。

安生：很多创业者都觉得自从创业后，对家庭有很大的亏欠，也坦言事业与家庭不能兼顾。

曾德钧：我老婆有一个非常可贵的品质，就是宁愿燃烧自己也会照亮别人。我1992年来到深圳，1993年第3次创业，我倾尽所有家产，买了一辆铃木125摩托车，花了3万多块钱。

那时候3万块钱对我和家庭来说是一个不小的数目。现在看起来很近的路程，但那会儿路没修好，交通很不方便，我就决定买辆摩托车提高办事效率。当时也没考虑不安全的因素，我老婆也没把话说破。大概过了两个多月，我骑摩托车急急忙忙去见一个香港客户，到的时候忘锁车了，聊了15分钟出来一看，摩托车被偷了。

把客户送走以后，我心情有点沉重，不知道怎么跟老婆交代，但我还是给她打了个电话。她一接电话就听出我的语气有点沉重。我说："老婆，摩托车被偷走了。"她说："你确定是偷走了吗？"我说："是。"她一下就开心起来说："老公不要紧，偷走也好！偷走也好！我要感谢这个小偷。"我说："你是不是气糊涂了？"她说："不是，老公你不知道，我从此再也不用担心你了。自从你每天骑摩托车出门，我的心就跟着你出去了，当你回来的时候，我的心才落地。我从此再也不用提心吊胆了。"

你想一想，听到这番话谁的心都会融化的。我当时心里想，找到这么好的老婆，我一定要好好对她。

但是想归想，做归做。又过了一年，在深圳人们排队买股票，我们也抢了一个原始股。当时中石化的原始股一发行就跌破底价了，到了1994年才涨上来，我们也正好需要钱用。我就让老婆赶紧把股票抛了。她说："好，我去抛。"结果身份证找不到了，一天没找到，两天没找到，三天没找到。我也开始有点着急了，就埋怨她说："你怎么这么不小心，这么重要的东西都会丢。"在我们家里面，我说这样的话，她都会伤心落泪的，觉得压力特别大。过了两天终于想起来，在总工会那边用过一次身份证，我们去找，发现果然在，我老婆拿到身份证的时候，特别可爱，她捧着身份证掉着眼泪说："身份证啊身份证，我是把你叫爹还是叫娘啊……"看到老婆这样，我顿时醒悟了，我就发现我错了！从此我也改变了心态，不再对她乱发脾气，渐渐变得宽容多了。她就是这样潜移默化地影响着我，改变着我，让我开始有了"情商"！

安生：我遇到的很多军嫂，都是奉献型的。

曾德钧：我母亲、岳母、老婆、女儿都是那种比较宽容的人，我就讲我一辈子要感谢这些伟大的女人。

安生：那你们有过争吵吗？

曾德钧：肯定有，不过都是一些鸡毛蒜皮的事。我记得那大概是1995年，我老婆比较马大哈，烧开水经常忘了关煤气，几次烧穿了壶底。有一次她又把壶底给烧漏了。这次我没请示她，买了个带哨子的壶回来，因为带哨子的壶比别的壶要贵几块钱，她就觉得我乱花钱，跟我大吵了一次。

还有一次是1997年，我们公司正好做家庭影院，开发了一个新产品，要弄台电视机来体验一下家庭影院。那会儿我就说先从我家搬吧。因为我家就在公司楼上，我没有经过她同意，就把电视机搬下来了。后来她跟我吵，不是因为搬电视机这件事情，是因为家里没收拾，她不希望家里比较乱的时候，让别人来家里做客，给别人印象不好，对别人不尊重。反正大概就是这些鸡毛蒜皮的事。

安生：您刚才分享的那个主题"创业与爱情"，您觉得"创业"与"爱情"有雷同的地方吗？

曾德钧：多尊重对方，多替人家着想，不要只考虑自己。所有事情讲道理、讲逻辑，当你清楚地知道对方在要性子，发泄情绪的时候，让着对方，事后摊开了说明白。

安生：那您是怎么碰到这些志同道合的合伙人的？

曾德钧：我觉得我们就像山脉里面的小江，可能我是这个源头的主流，在流淌的过程当中，不断地遇到这些人，各个支流自然就汇聚到一起了。

安生：殊途同归，大家保持对一件事情的热爱，有同样的价值观，同样的兴趣。那您觉得将来猫王做成什么样子，会让您有成就感？

曾德钧： 我还是有些梦想的，我的梦想就是能够做一个国际化的音响品牌和一台极具创新元素的收音机，让世界知道，这是来自中国的品牌，来自中国的创新，实际上我就想这样，在中国能做到第一，在全球能成为一流的品牌。

安生： 最后您给年轻人一些建议吧。

曾德钧： 你看我这些年，觉得好像没有过不去的坎，年轻人不要给自己设坎。比如我们刚才聊家庭问题，你对老婆不好，你去找第三者，你不就是在给自己设坎嘛。好多人就是不聪明，满足了一时的痛快，最后给自己带来了无穷无尽的问题。

第 **2** 章

出走的娜拉

—— "拼命三娘" 朱春娜

要说这两年我也见了不少女性创业者，但最投缘的还是娜姐。

娜姐，原名朱春娜，江湖人称春哥、娜姐、拼命三娘，每次自我介绍的时候，她都要重复她的三个标签：白羊座、B型血、属鸡的，言下之意就是说，自己个性特别的冲。

时下，在线外教口语培训打得热火朝天，而她从医药行业跨界到教育行业，四年时间，愣是白手起家，从一个小小的淘宝店，成长为融资过亿的明星企业，这事儿实在是匪夷所思。再加上，娜姐是那种360度无死角，越看越美丽的女人，也是我非常欣赏和敬佩的女性创业者，我特别想要研究她的成长轨迹，如何一步一个脚印，取得今天的成绩。

在正式采访之前，我们有过几次交集，几乎每次见她都是风风火火，出场自带背景音乐。她生性爽直，为人坦荡，颇有江湖侠女的风范，但同时又保留了女性细腻入微的观察力，为人处世总是让人如沐春风。

　　记得有一次在深圳，我们一起参加一个野外拓展活动，从东涌走到西涌，一面临海，三面环山，穿越的路线旁大多是嶙峋的大石头，全程将近十公里。然而天有不测风云，当天遇上10级的台风，突降暴雨，所有人都困在石头上，无法前进，更没有地方躲藏，只得呼叫紧急救援队来支援。那个画面我至今都忘不了，救援船到达后，她和其他几位男性CEO镇定自若地安排大家上船，自己留在了最后。尽管恐慌情绪弥漫，雨水模糊了视线，但是她没有一丝畏惧，把保护大家放在了第一位。后来大家回到饭店就餐，迟迟不见她的人影，桌子上的菜都快吃完了她才回来，原来是因为很多人的鞋被雨水泡了，她怕大家穿着不舒服，给大家买拖鞋去了。经历过那次危险的伙伴们日后都成为生死之交，我对娜姐越发敬重。

　　后来看了她在一档创业真人秀的节目中的表现，发现娜姐就是本色出演，和我在私下里接触的她几乎一模一样。作为队长，每一场比赛，她都拼尽全力，赢得光明磊落。她聪明，充满活力，善用自己的性别优势，但绝不"利用"自己的性别优势，不仅赢得了模拟比赛，更赢得了真实的商场机遇。

　　有一次录完节目，她点上一支烟，斜靠在沙发上，像是自言自语，又像是在对我倾诉，她说："你知道吗？我现在特别的累，家里家外都是我一个人。一方面我要在外面跑大客户、跑各个学校的资源，一方面还要担心公司内部的人。之前公司内部的高管全被竞争对手收买了，开会的内容，两三个月执行不下去，我就觉得有问题，后来发现了就把他们全开除了。之后又有一次，公司已经进入快车道了，加入四个副总裁，原来总监级别的高管团队不服他们，就把公司整个中层全部带走了，出去干了一模一样的事。"

那是我第一次在这个精致的脸庞上看到了一丝倦容，心里有点酸，想给她一个拥抱，但又有点不好意思，伸出去的手又收了回来。我一向对毫无保留的人有特别强烈的好感，能够把自己的软肋摊开来给别人看是一件很难的事，会保护自己的人学会了掩饰，愚蠢的人连带着自己也一锅端地欺骗了，所以我特别喜欢像娜姐一样真实的存在。我和她探讨过女强人的定义，她觉得外表柔软、内心坚强才算得上女强人，而她自己并不是。可我觉得真正的强，就是看清了繁杂生活的一地鸡毛和被生活百般刁难后，内心依然保持从容。

女人采访女人，容易产生嫉妒和不屑，可对娜姐，我是充满了喜欢和欣赏。和她聊天的过程中，我没有看采访稿，没有预设，没有标签，随心所欲地聊，想起什么就聊什么，很舒服，而娜姐也很真诚，聊到动情处会落泪，聊到开心处会放声大笑，她就是那么真性情的一个人。

母系家族的影响

她告诉我，自己生长在"母系家庭"，姥姥、妈妈都是事业型的女人，很大气，从不计较个人的利益，相比她们，自己的格局和能力都差得远。当年爷爷奶奶去世，留下了房产，按理说自己的爸爸是老大，长嫂为母，房子理应由这一家人继承，可是娜姐的母亲并没有这么做，她把房子卖了，哥几个平分这笔钱，给所有人留下了好印象。许多事娜姐看在眼里，记在心里，让她长大后觉得许多事情就应该这么坦荡地处理。很多时候，我不得不相信，一个人的眼界和格局，很难靠课本和习题建立起来。相反，从幼年开始，家庭有意无意提供给一个人的精神资源会构成主导人一生的精神结构。

娜姐的姥姥从50岁开始创业，做工程起家，做得非常成功，母亲刚开始做服装生意，后来跟着姥姥一起干工程。两位女性人缘都非常好，好到周围不管男性女性，都愿意跟她们亲近，听从她们的指挥，甚至成为朋友。娜姐从小就跟在大人身边，陪他们喝酒吃饭，观察大人们的言谈举止，小脑瓜飞速地记录下来大人们讲的有趣好玩的事，小小年纪就接触了形形色色的人。

她一直强调自己是一个特别顺其自然的人，小的时候，女孩子们追星、玩娃娃，可她从没有偶像，也没有明确的目标，不知道自己长大后想成为什么样的人。家里从小也没把她当女孩，经常男孩玩什么，她就玩什么，她还招呼院里的男孩子，打枪捉迷藏。家里唯一一个布娃娃，还被她抠掉了眼睛，孤零零耷拉着脑袋，被她遗忘在角落里。

她的兴趣爱好也让我诧异，爱玩爱闹的她从小练习杂技武术，长大后又学了跆拳道，她长相标致，身体素质也好。我发现，那些领导人、企业家，还有明星演员，但凡能做出一番事业的人，生命能量都比较强，他们有释放不完的能量和活力，即使工作与生活无法平衡，他们也能快速调整情绪和恢复体力，使自己在面对压力时，依然保持自信和热情，除了打心眼里热爱自己的事业，更重要的还是身体好，抗造。

回忆起自己的家人，娜姐说，妈妈就像纪检委一样，对自己要求特别严格。自己的朋友圈现在还稍微敢发点个人照片，以前打过很多次仗了，妈妈不允许她发任何逾规越矩的照片，比如娜姐穿衣服稍微露一点，"纪检委"马上发来微信，让她立刻删；或者她发一个宣传推广的文案，"纪检委"觉得不太合适，也要求她重新改。在和她聊天的过程中，我亲眼见到这一幕。妈妈发来微信："你把朋友圈的照片删了吧，胸露得太大了，别在朋友圈里发！"

她的父母现在还时不时地一个月说教她几回，让娜姐好好干，脚踏实地地干，不能急于求成，但同时也担心女儿的身体和生活。有一次，父母从大连来北京看她，尽管娜姐的家就在公司楼下，但是父母来家三个月了，娜姐也仅仅只和他们吃过一顿饭。"我现在这个样子，是他们最不想看到的。他们希望我能过那种特别居家的生活，把老公伺候好，把孩子照顾好，有一个良好的生活状态。"提起父母，娜姐心里有很多愧疚和遗憾。

高中毕业后，娜姐顺应了出国潮，选择去加拿大读工商管理专业。之所以选择这个专业，是因为自己从小喜欢看管理杂志和《中国经营报》一类的商业报刊。"一看到讲商业的时候，眼睛都掉进去了出不来，我上学的时候都没这么用心琢磨过，一份报纸能让我看好几遍，光电子商务这件事，我自己都研究过很久。"她甚至管母亲借了一笔钱，买了台电脑，跟朋友一起尝试着做了一个社交平台，但最终钱还是打了水漂。

出国之后，离开了父母的庇护和看管，娜姐终于放飞自我，开始了快意潇洒的大学生活。她形容自己是一个很野的女人，到了加拿大后，因为性格开朗，人缘极好，她甚至被当地的一些白人带着一起玩，开了眼界，见了很多世面。而一心想自己干的她做起了生意。卖过各种各样的东西，按她自己话来说，没什么过多的考虑和打算，就是什么赚钱做什么。四年时间让她赚足了钱，凭借自己的努力，她

25岁就开上了宝马。

回国前那段时间，她也很迷茫，毕竟在加拿大待了四年了，对国内有些陌生，不清楚自己的定位在哪里。但是真正回国之后，她完全不是这种状态了，拖着行李箱，没回大连，就直奔北京，立马进入到"战斗"的状态，开始投简历找工作。

这里还有一个小插曲，娜姐大学时的学生会主席，因为提前一年回国，比较熟悉国内市场，有几家拍卖公司在国内做得很大，想要成立一家投资公司，邀请娜姐一起干。因为是之前在学生会并肩作战过的队友，娜姐欣然答应，但是她并没有打算长干，她当时想要在一家稳定规范的大公司，一个比较成体系的单位工作，并且能学到东西。因此，她从找地方到注册公司、招人、搭架子，完成了经理人的基本职责后，就离开了这家公司。

这期间，她收到了4家公司的面试通知，而她最终选择在中国医药集团做董事长秘书，三个月后调整到董事会秘书，一干就是七年。

娜姐说，自己当初选择这家公司，是因为老板特别善良。面试总共五天，老板亲自谈话三天。在聊天的过程当中，所有话题都是她特别喜欢的，聊她在加拿大的生活，聊自己的父母，她头一次觉得跟一个与自己年龄相差那么大的人，没有距离感，却有说不完的话，她渴望从老板身上学到更多的东西。同时，老板营造了非常舒服的谈话氛围，举手投足间并没有让人有压迫感，让娜姐觉得特别敬佩。到了面试的第五天，娜姐已经不在乎这家公司是做什么的了，因为她非常愿意跟着这个老板工作。

"那你觉得老板当时看中了你什么？"

"我觉得，他也是看中了我的善良吧。你知道在年长的人面前，我的稚嫩是藏不住的，所以我特别坦率地跟他聊起我的经历，他也没有拿出面试的架子，而是和我平等地对话。人和人之间是有一种气场的，气场不合的人，连谈话都谈不下去，可是我们特别投缘，话都讲不完。"

就这样，娜姐跟在董事长身边，耳濡目染地学习领导的办事风格，以及为人处世。当时，董事长负责决策方向，其所关注的第一是政策，第二是方向，第三是用好人。其次，作为医药公司，要和各种渠道、商业公司和政府打交道，觥筹交错之间，娜姐就要思考，对方的需求是什么，他的真实意图是什么。这和另外一位江湖高手教给我的武林秘籍如出一辙，他告诉我，他一辈子做生意的关键就是了解掏钱人的真正需求，比如领导在意政绩，生意人在意分配，把好了脉，对症下药，合作自然水到渠成。

在董事长手底下工作后，娜姐也收敛了自己的暴脾气。董事长时常教育她，做人要学会"打太极"，懂得刚柔并济。娜姐回忆，跟他

工作后，比期许的还要好，这七年里，她从没有见过董事长发脾气，
冲谁吼过，董事长也从不会乱行使权力，他就是那么一个随和的人，
但是所有事情都处理得非常好。如果不是董事长退休，娜姐可能会追
随董事长，在这家公司一直做下去。

创业是一场救赎

　　然而命运的转机从这里刚刚开始。一次偶然的契机，娜姐在公司
负责的一个涉外项目需要用到专业英语，为了尽快掌握定制化口语，
她在网上报了一个在线外教口语课，学下来效果很好。

　　"当时我就想，我身边有这个需求的人非常多，这是个很大的市
场啊，为什么不做一做呢？"

　　说干就干，她立刻着手研究这一商业模式，联系外教，仅仅一个
月，她的外教口语课淘宝店铺就开起来了。从装修店铺、宣传推广到
卖课程、找老师，整个运营和销售只有娜姐一个人。

　　我向她讨教淘宝运营心得，她坦白，她没有花过一分钱充淘宝直
通车之类的，主要原因，一是进入时机比较早，处于淘宝红利期，当
时正是在线外教口语资源供不应求的时候，市场形势很好；二是较真
的她仔细研究淘宝的算法，把获取淘宝流量的几个重要指标罗列出

来，与自己的数据匹配，因此在淘宝大促的时候，成功排进了前十。最重要的还是服务，娜姐利用过往在加拿大留学建立的人脉，请来了好几位自带课程又经验丰富的老师，上过课的学生通过口碑传播，客户带客户，短短一年半的时间，就服务了2000多名学生。

虽然有了持续稳定的现金流，但是娜姐开始思忖，就这么一点一点做个小生意，什么时候能干出个头来？这不是自己想要的人生。那时她意识到，自己想要将在线外教培训这个项目当作事业来做，而不是小生意。

她开始尝试做教育＋轻社交，利用平台把全球想学习语言的人聚集起来，提供免费的服务和付费的课程。然而几乎不懂技术的娜姐找来技术外包团队做开发，导致产品没有做出来，错过了黄金时期，损失了几十万元。后来她又决定快速上线手机端视频教学，也是吃了技术的亏，项目反反复复没有实质性的进展，自掏腰包的300万元烧了个精光。再加上当初互联网人脉和资源也不足，组建团队举步维艰，人来了又走，娜姐可谓跌落到了谷底。

她说"我自己创业以来，上上下下一套全弄懂了，这样一来就没人能蒙我了。"

然而更惨烈的还在后面，彼时，空有一腔热血和激情的娜姐并不知道她将面对的是什么。她即将进入的在线外教教育to C领域已经是一片红海——当时，某Talk和某ABC等机构手握数亿资金、背靠行业巨头资源，几乎呈现出垄断市场的姿态，模式相同却没有靠山的"微语言"（娜姐创办的公司）几乎没有任何突围的机会。

心灰意冷的娜姐开始怀疑自己当初的选择，"那是一种窒息感，逼得我几近崩溃。"

好在天无绝人之路，恰逢那时候"创业大街"热起来，网络宣传铺天盖地，娜姐决定去逛一逛，寻找启发。她先是走进3W咖啡，却吃了"闭门羹"，没有人理会，她沮丧地出来了。

沿着大街她又走到黑马会门口，径直上了二楼，那里正在举办一场路演，她一听是跟教育有关的，毫不犹豫就往人群里钻，一直钻到评委旁边。

虽然从来没有路演过，但听到评委的点评后，她立马意识到"这就是我最需要的"。路演结束后，她拉住评委聊了很久，大家你一句我一句把她的项目批得体无完肤，她却开心无比，意识到"有戏"，果断地申请加入组织。

加入黑马会后，在线教育的市场格局、发展方向、竞争力等概念开始在娜姐的意识中清晰起来。原来都不懂什么是to C、to B、路演、商业模式这些名词的她，开始在黑马里有组织且系统地学习。黑马资本合伙人胡翔告诉她："春娜，如果你想做一个生意的话，to

C可以继续做下去；但你想做一份互联网事业的话，就需要转换一些思路，另辟蹊径寻找出路了。"

黑马会里的很多创业导师和伙伴也都建议说，to C在线教育有几座大山难以撼动，竞争激烈，建议她考虑转型to B。

那段时间，娜姐每天要"面基"十几个人，请教专业的教育人士，咨询资深的投资人，还有非常有经验的生意人。她说："我从来没想到那里面（指黑马会）的人会那么真诚，会把彼此当作一起创业吃苦受难的兄弟，一点私欲都没有地帮你，不求回报地付出，这个事情我当时挺匪夷所思的，都说社会挺复杂，怎么这样一个团体都这么抱团呢？"

经过详尽的市场调查以及一次次梳理、一轮轮探讨过后，娜姐对to B有了深刻的认识和理解，结合自身优势，同时也拿到了黑马会、全通副董事长万坚军和知名投资人杨守彬的投资，2015年10月开始全力转型。

融资过后的她也并不轻松，前后经历过高管团队被人收买、销售团队单飞等一系列问题，到如今作为唯一一家进入公立学校主课的第三方课程服务商，并且成为美国对外英语教学（TESOL）教育学会官方授权的国际英语教师资格认证考试中心（全北京市只有三家），这其中经历的艰难也可想而知。公司高层不断经历人事调整和换血，后来加入团队的高管是在价值观和愿景方面与公司保持一致的人，也是真正适合这家公司的人，他们愿意与娜姐一起并肩作战。娜姐终于收获了值得信任的合作伙伴，而这也是众多创业者必然要攻克的一个难关。

职场攻略

在我看来，娜姐的出身应该是一个小富二代，难得的是她没有那些富二代游手好闲的习性，富在格局和见识，靠自己的双手打拼，不断地学习和自我否定，到达了一个新的高度。她所谓的顺其自然，不代表她可以不努力，而是努力之后有勇气接受成败。你可以说她好运气不断，总能遇到贵人，但是她的经历足以验证一句话：你自己足够强，机会自然就来了。

她的职场模式比较中规中矩，也是很多人可以效仿的职业路径。毕业后选择在一家大公司系统地学习，学习规则、规范以及为人处世，对所涉及的行业、上下游的渠道都会有深入的了解，同时断断续续接手过一些朋友的小公司，对初创团队的行事风格和业务比较清楚。幸运的是她在20多岁的年纪，遇到一位老师一样的老板，亲自带在身边，从行为习惯的养成到商业格局的建立，七年的时间，不长不短刚刚好，就能将一个刚毕业的女孩打磨成职场女性，也足以有眼光和魄力开启人生新一阶段的挑战。

她随后加入创业大军，迅速跨界，学习专业领域知识，既有破釜沉舟的勇气，同时也有独立思考的判断。据我的观察，一般有三种人创业成功的概率比较大：第一种是原来公司做销售的，因为他能熟悉各个公司的业务，分流一部分客户资源；第二种是财务，他非常清楚公司的利益组成和运营情况；第三种就像娜姐这种，做老板助理、秘书一类的工作，跟在老板身边，能学到老板八九成的功力，同时作为对整个公司比较了解的人，她又非常清楚每一个关键点应该怎么做。

纵横商海，她成为近乎是我见过的最完美的女性创业者：理智而率性、坚忍而决绝、热情而认真。尽管熟悉之后，会看到她小女人的一面，也会了解她有轻微的社交恐惧，但是更多人看到的是她那种长袖善舞的社交能力，体贴入微的洞察能力，简直自带超级公关公司。那是一种"有毒"的美丽，一种自信的光芒，和她交往，丝丝入扣，有一种与蛇共舞的刺激。

我时常会想，如果岁月能够打磨出一个女人的精致优雅，谁还会羡慕年轻女孩满脸的胶原蛋白？每次看到娜姐，气场强、段位高，虽然每时每刻都在遇到各种不测和艰难，但是杀伐决断、一往无前，从来都是绝对的正面突破，而她几乎没有输过，自信地踩着高跟鞋，掷地有声。

对话

安生：你怎么说，我都想象不到，你发脾气会是什么样。

朱春娜：开一次会你就知道了，规定的时间内我要的东西没做出来，或者做出来的东西达不到我要求的质量，我就一定会发火。可能因为一个点，也许我强调过几次了，但是发现还是没有做到位的时候，那就开始发脾气、拍桌子什么的都会做。

安生：有没有想着收敛一点？像当时老大教的那种，学会打太极。

朱春娜：我也想，但有的时候就会发现这些"90后"的孩子，或者"85后"的孩子，他们不按套路出牌，第二个我也没有那么好的耐性，你要是合适的人在合适的岗位上，怎么都可以。如果说一再犯错的话，那就一定是这个人不适合这个岗位。

安生：那你七年跟着老大耳濡目染那些管理的方式，处理问题的办法，没有成为你自己用人管人的方法吗？

朱春娜：我就除了这点没有学进去，其他的一直都在学习，但是达不到他那样的高度。

安生：可能跟男性、女性处理问题的方式、角度也有关系。

朱春娜：也是。我就举个例子，比如说同样一件事，你是一个男性创始人，和你是一个女性创始人，他们对你的态度是不一样的。你知道有的时候我不是故意发火，而是发现他们正在欺负人，就这种感受。我要是一个男性创始人，可能就不会面临这样的问题。

安生：你觉得这个可能是针对男性创始人和女性创始人的一个不公平的对待？

朱春娜：对。因为你是个女的，大家可能有的时候不太怕你。

安生：我突然联想到希拉里最新出版的一本书《何以致败》，就讲自己为什么落选，其中提到一个原因，就是男性不甘于被女性统治。这就谈到说，女性创业者在创业过程中，可能会用到一些手腕或者方式来让大家服从你的管理。

朱春娜：对，男人可能靠权威，或者说一发脾气一瞪眼，或者怎么样，别人就会觉得你很有震慑力。可你是一个女性，你再有震慑力，你也没有凶到那样的一个地步。

包括跟客户也一样。客户一来，虽然我的年龄也不小了，我是1981年出生的。大家可能觉得你还是个"80后"，觉得你太年轻，于是一上来就开始跟你论道，跟你先谈一谈，谈完了之后发现要盘道的话，他们可能还不太能成为对手，他开始就会轻视你。所以但凡是轻视我的客户，我从来都是不理睬的，包括投资人也是一样。有一次投资人来我这儿，跟我炫耀他是什么什么，问我知道吗？我说不知道。就是他说什么事都让你觉得他挺蹝的，对于我来讲，我见过的人和事也太多了，这种东西对我来说，可能没有什么，你把自己太当回事儿，我也没太把你当回事儿。如果你来我这儿是为了好好看项目，咱俩好好聊怎么都行，但是你要来这儿先跟我炫耀一通，那一线的投资机构我也见太多了，对吧？我就不吃这套，对方转身要去投我们的竞品。

他说我俩都是东北人，俩人都蹝蹝的，谁也看不上谁，所以就不选择我们了。那又怎样？对我来说根本就无所谓，我的性格也是这样。我要是个男性创始人，投资人进来就不会这样，男人和男人之间的博弈跟男人和女人之间的博弈不太一样，也许（男人对女人）一开始从气势上，从各个方面先把你压下去，但是我是那种你越压我，我反抗性越强的人。如果大家好好谈，平等地去接触，我反而什么问题都没有。我是遇强则强，如果你弱我也弱。我不会欺负人，从小到大我就没学会欺负人。所有欺负人的事，到我这就停止了。

安生：所以，这就是你在创业过程中遇到的问题，就是被轻视，包括员工、客户还有投资人。其他还有什么样的问题？

朱春娜：还有的人打你的主意。

安生：这难免的。那怎么办呢？

朱春娜：那能怎么办？一旦让我发现苗头，就不会再和对方有任何接触。

安生：可这也被很多人视为女性做事的优势，不然为什么会有那么多女生做公关、销售一类的工作。

朱春娜：对于有的人，她能豁得出去当然是"优势"了，我不是吃这碗饭的。我要想为了赚钱的话，为什么好好的事情不做，舍近求远，离开原来的行业呢？

你应该知道的，蛋蛋这些人都叫我春哥，我跟这些人在接触的时候，从来也没把自己女性的这一面表现出来，其实就是避免这种不该发生的事情。大家在一起的时候谈事就是谈事，不要夹杂其他的东西。你要跟我谈感情，咱俩就谈感情，谈事就是谈事，我分得非常清楚，我很难把这两个混为一谈。

安生：近两年我发现，很多女性创业者颜值都非常高，而且是非常符合男性审美的那种漂亮。

朱春娜：所以要塑造好自己的形象，不要被"美女创业者"这几个字给绑架了。其次在聊天方式上，我也一直在用男性的理性思维去跟他们聊天。对客户、公司员工都是一样的，我永远都是把自己硬朗的一面表现出来，我不希望自己柔软的一面被外人看到。

安生：那你觉得什么样的女性创业者更受大家尊敬？

朱春娜：我觉得很难平衡，因为各有利弊。有的人说像水一样的女人是最厉害的，但是像水一样的女人也同样存在这样的问题，我觉得做人首先得先学会拒绝。就是不管在什么样的问题上，但凡违背了我的原则，就马上拒绝，我不会勉强自己去做我不想做的事情。

安生：我之前也问过很多人，什么样的女性创业者不尖锐，但又特别有魅力，散发光芒。很多人给我的答案是坦率的女性创业者。

朱春娜：对，其实创业也好，做人也好，已经很累了，这个社会已经给我们太多太多压力了，如果我们自己还成天跟自己绕弯，我觉得保持不了像现在这样一个状态，会把自己搞得很烦。我从来都是把大事化小，小事化了。我不会把一个特别简单的事复杂化，我觉得这个可能是我跟其他创业者不太一样的地方，好多事我都是以大局为重的，不管公司发生什么事，员工怎样，面对什么样的客户，我都是以大为前提，我不会跟人较劲。哪怕我损失一点，我来承担，我一定让这个事圆满地结束。

安生：很多时候男生会比较害怕那种野心特别大，或者特别硬朗的女生。我们是在保护自己，但是对方可能觉得你太强势了，显得男生碾被压了。

朱春娜：这就是刚才讲的一个特别难平衡的矛盾，你说你表现出自己特别女性的那一面，那你可能每天要受到很多骚扰，那个时候可能大家连朋友都没得做。至少像我现在这样我们都是哥们儿，我们都是朋友。大家也别把我当女性看，我也没有什么特别的需求。我要是找个男朋友，当缘分来的时候它自然就来了，我也不会去勉强。

所以我不会说，我今天要去见谁，会刻意打扮。我有的时候早上连脸都不洗，人起来了，穿上衣服就走了，我都不知道我穿的是什么，出门我就开始跟人谈事，就是从起床到出门，全部时间都算上，可能都不会超过25分钟。

安生：可是我每次见到你都是漂漂亮亮，精精神神的。

朱春娜：你看我今天还涂个口红，平时都很少涂个口红，基本上洗把脸就出门了，连乳液都不会涂。

安生：那你对自己这么糙，皮肤还能这么好，身体真是挺抗造的。不过，你会把野心展现给别人吗？

朱春娜：其实我也没有什么太大的野心，到现在为止都是顺其自然。

安生：你是没有意识到自己的野心，还是说你觉得自己没有。

朱春娜：我可能没有意识到，或者说我自己没觉得我有野心。

安生：你觉得事业心和野心可以画等号吗？

朱春娜：我的事业心就是想把这件事做好，你说这件事我要做到多么大、怎么样，一个宏伟蓝图，那没有。我就想把这件事踏踏实实干好，我对我自己有交代，我对我现在服务的学校、学生、老师、家长都有交代，我就很开心，不是说我一定要去做到什么。

安生：那微语言做成什么样子，会让你觉得很有成就感，或者让你觉得很满足？

朱春娜：其实我在每一件小事上会获得成就感，在特别大的事上反而是没有成就感的。到现在为止，我觉得一切都是水到渠成的事，就好比大家会说你花了 18 个月的时间就融资过亿了，就每一次拿到钱的时候，我都没有一点点感觉心跳加速过，我也没有说咱们一起庆祝一下吃个饭，从来没有过。钱到了就到了，说给我们投了就投了，我心里没什么特别的变化。

我反而会因为一些小事开心。比如说学生家长、学校老师给我们发来信息，通过我们的课程，学生得到了什么，他们得到了什么。当我看到我们那些小伙伴把截图发上来的时候，我特别开心。这个时候我从内心里会笑，我不是为了你采访我才这么说，实际上就是这个样子。我妈也经常说我，所有的事情跟别人反着来。

安生：我也有同样的感觉，我采访这么多人，大佬们给我认可，我也没有特别开心，反而是经常收到听友们突如其来的鼓励，说很多时候觉得我像他们的"女朋友"，向我倾诉他们创业的过程中的辛酸和孤独，告诉我说听听我的节目，有我的陪伴，他们就会觉得充满力量。

朱春娜：这就是我们的成就和使命。

安生：对。那你每天这么拼，会不会有时候觉得想撂挑子不干了？

朱春娜：从来没有过。我的性格就是，要么不做，要做就坚持做下去，还有就是要把它做好，遇到多大的事、多难的事，从来没想过放弃。

安生：你现在天天频繁去见投资人，哪怕是自己干，有没有感觉自己是在为资本打工？

朱春娜：倒没有说为资本打工，但是拿完投资之后，确确实实你要兑现自己承诺的东西。它是一个双刃剑，第一让你有压力，这个压力会迫使你和你的团队加快脚步去做。但是它又是一个特别好的动力，如果没有这样的鞭策的话，可能你走着走着就慢下来了。凡事都有两面性的，而且我在看每一件事情的时候，把它看成是一个抛物线，不管是我现在做的微语言，还是人生，其实就是一个抛物线。你在每一个阶段就要去做好你该去面对的事情，没有谁一直都是在上面的，不可能一直都是平着的。人生也是这样的，公司也是这样的，包括所有的员工也是这样的。

安生：这个抛物线指的是，凡事都有起有落，有好有坏。

朱春娜：其实创业就是每天早上一醒来，都在解决一件又一件事情，这就是创业的乐趣，如果没有这个的话我都不会创业，我觉得每天好像是，当你都不知道要面对什么的时候，反而会带给我很大的兴奋。

安生：我看你经常失眠。

朱春娜：我已经失眠十几年了，别人都说我神经衰弱或者压力大导致的，我深刻去思考过这个问题，我是一个精力极其旺盛的人，怎么讲？你如果让我 12 点就睡觉，我可能早上五六点就起来了，但如果让我下半夜两三点睡觉，我还是一样就睡四五个小时。我可以连轴转，只要我感兴趣，我在那个兴奋点上了，我就可以一直很亢奋，但是你要让我没事干，我一下就蔫了。

安生：那你周六周日喜欢做什么？

朱春娜：就没有周六周日这么一说。我特别享受我现在这样的一个状态。我很喜欢工作，然后我也很享受工作，要是不让我工作了，我反而不知道干什么，我觉得我的生活就是工作，工作就是生活。

安生：那会不会觉得委屈？

朱春娜：不委屈。至少在创业的过程当中，我也得到了。像现在一些三线、四线城市，那些学校的孩子平时想见个外教，根本不可能随便就见得着的，但如果在我们的课程里他想见外教，一周的排课表里都有。这件事最大的价值就是咱们孩子以后不管出国也好，见到老外也好，他不害怕了，他有自信心了，他敢讲话了。那还有什么？我觉得我现在干的每一件事都很开心，我不会觉得说没有生活，或者打破了平衡。你要知道，有的时候为了工作失去平衡，是生活的一部分。

安生：那你会害怕吗？比如担心可能这件事做不好，会辜负大家的希望。

朱春娜：没怕过。我这个人就好像不会害怕什么事，所有的事情，我觉得都有解决方法，也可以说没有什么事是解决不了的。我可能过了那个（害怕的）年龄段了，我要是在20多岁创业，我一定是诚惶诚恐的，但是到了这个年龄，看了太多的事情，就没有那种感受了。

安生：的确是这样的。我小的时候，被老师请家长，就觉得天要塌下来了，因为那个时候父母是自己的天；后来谈恋爱分手了，觉得天要塌下来了，因为另一半是自己的天；再后来，创业损失了一大笔钱，觉得天要塌下来了，但是直到现在，天都没有塌下来，是因为我们的天越来越高，我们内心的承受能力越来越强。有一句话讲，"心胸都是委屈撑大的"，见得多了，遇到的事多了，自然就不怕了。

　　朱春娜：对，可能你会去想，面对这么多事，或者这么多问题的时候，你会怎么办，你应该怎么样，会没有头绪。但是实际上，不管是什么问题，它来了我就去解决，就没有人解决不了的事。或者说有一些事你真不能解决的时候，你再绞尽脑汁地让自己受煎熬，也没有任何意义。

　　安生：我那天看了一个1950年的电影《彗星美人》，里面有一句话，不知道你怎么理解。它说："天底下所有的女性都有一项共同的事业，不管我们喜不喜欢，那就是当个女人。迟早我们都必须用心经营，不管我们拥有多少其他的事业，或是我们有多少想做的事业，终究一切都比不上，当你看着餐桌时，或是在床上翻身时，他就在你眼前。尽管你认识一切达官贵人和社会名流，但你仍称不上是个女人。"我看完觉得蛮酸，有的时候我有点儿文艺小青年那种矫情。

　　朱春娜：我在你这个年龄的时候，看到所有的心灵鸡汤都有感触，会往自己身上套，但是现在不会了。因为我现在第一看心灵鸡汤是有选择的，能触动我的话可能不是特别多。因为我经历过婚姻，我

对这些东西也没有所谓的向往和那种期待。第二个就是我也不想再进
入到婚姻状态里面，我就想做我自己。

安生：你希望自己的女儿将来成为什么样的女性？

朱春娜：其实看到孩子，我会觉得我是一个特别不称职的妈妈，
其实不能叫妈妈，我都不配叫这两个字，因为第一孩子跟她父亲生
活，第二她所有成长的环节我都没有参与。尽管我们俩感情很好，我
女儿也特别爱我，我也特别爱她，我们俩在一起好得不得了。但是当
她需要我的时候我不在，我觉得自己彻头彻尾的失职和失败。

安生：每个女人的一生当中，是不是都有那么一段时间，特别有
母性情结，我觉得这是女人骨子里的东西。你有没有做母亲的一种使
命感，或者说看到孩子就喜欢得不得了？

朱春娜：我特别喜欢孩子。其实我现在干这个事，就是在还债，
你看我不断地提到孩子，因为我亏欠我自己的孩子太多了，我又不可
能通过什么办法去弥补，所以我现在开发课程的时候，特别用心。

安生：我想很多的创业者，就像你刚才说的，创业就是还债，他
们把让大家的生活更好、教育更公平、出行更便利这些愿景当作自

己的使命，而对小家就会有所亏欠和遗憾。比如说春雨医生的CEO，他把更多人的身体健康，放在自己的责任和使命感里面，可能对自己的身体就有亏欠。而你把这么多孩子的教育，以及成长环境中对英语的接触和学习，当成自己的责任和义务，然后弥补内心对于自己孩子的亏欠。

朱春娜：对，我就是在还债，我欠自己孩子的，用其他方式在偿还。在新加坡这几天，我就发现女儿的英语不是很好，发现她可能比一般的孩子还要弱，如果妈妈在身边一直教她，肯定会不一样。

安生：我会幻想啊，是不是做了妈妈以后，整个人就变得不一样了？

朱春娜：对，我也不一样了，我真正的暴脾气是从我生完孩子以后改的。原来没有那么大的耐心，可能不给别人犯错的机会，特别苛刻，因为我对自己的要求特别高，所以有的时候我看到别人不负责任、吊儿郎当的时候，就会特别气愤，或者说我是看不惯的，所以经常会发一些脾气。但是自从有了孩子以后，真的就改变了，一下心就软了。看到所有的事情都会变得宽容了，感觉这个世界都变了。

安生：你现在公司有200多号员工，还有那么多学生使用你的课程，背负着这么多人的期望，你还觉得自己无欲无求吗？

朱春娜：很多人觉得我是一个目的性很强的人。我做事情会有这种感觉，比如我今天要跟这个客户谈，我就要把他搞定。但我搞定他不是为了什么，而是在不断挑战我自己，我把这件事情做好了就很有成就感，而不是要达到什么目的。很多东西我还是看缘分，我就是特别单纯地希望把这件事做成一个对社会、对学生、对家长还有我自己都有意义和价值的事。这就是我最大的"求"了。也许有一天我的钱能变现了，说不好我就把它们都捐出去了。

安生：这就是我觉得"80后""90后"创业会特别美好的地方，因为我们没有穷过，对钱没有强烈的欲望，所以做很多事情就是随着自己的心来，或好玩有趣或能帮助到很多人，或有一定的社会价值。

朱春娜：至少你自己活得也蛮轻松。如果你身上有太多锁链的话，其实走着走着就偏了。我有时候看到有些员工，别人可能多花个一两千块钱就能把他挖走，我是特别不屑的，如果他觉得微语言不值这一两千块钱，那他走就走了，这样的人我连留都不留。

安生：这是根植于内心的价值观，把短暂的利益看得比较淡，更注重长久的价值。

朱春娜：其实我这些年很开心的一件事，就是积攒了一帮朋友。大家可能不会天天凑在一起，但是心里都有对方，当你有什么事的话，别人也都会出来支持，我觉得就足够了。

安生：我跟我的朋友讲过同样的话，我这一路走一路收获到的也是朋友，将来无论是对方创业还是我创业，或者任何事情，招呼一声，就会为对方挺身而出。

朱春娜：其实无论是创业还是做人，那些能成事的人，都没有特别独的人。像我当时刚开始做项目，黑马会的那帮兄弟，也不知道为什么，反正就是有资源的提供资源，有钱的支持你一下，支持完了你就起来了。到现在我都没想到会这么快，做着做着在这个赛道上就有位置了，梦幻一般，挺不可思议的。

第 **3** 章

花甲之年　异乡追梦

——"蓝博士"郑富德

实不相瞒，在蛋解创业做主播的那三年里，有一段时间，我是特别焦虑和困惑的。一个没有太多工作经历和阅历的女孩，每天都要和两三位行业前辈、大咖对话，只能铆着劲儿，硬逼着自己学习大量知识，好在与别人聊天时不至于露怯。当时大家都觉得这个小姑娘好胜，学习能力很强，可只有我自己心里清楚，我那"半瓶子晃荡"的水平，聊两句就掏空了。再加上那几年创业圈浮躁，媒体都在吹捧"90后"的年轻人多么骄傲不羁，多么才华横溢，这使我在人生观、价值观上开始迷失。很快，我变得消极怠工，身材迅速发胖，每天接收大量信息，嚼不烂，又吸收不掉，全堆在大脑里，压抑得我喘不过气来。和嘉宾对话的时候，我不再畅所欲言，而是开始变得忧心忡忡，患得患失。于是，我果断地做出了一个决定，离开蛋解创业，回到学校念书。

当然，学校不是什么灵丹妙药，回来就能解决问题，但恰恰是老师偶尔的点拨，或者书中所读的某一段话，给人幡然醒悟的启发。记得我大一时候的班主任，也是我认识了六年的老师，对我的情况最为了解，他对我说："每个人都会因为'所知障'而陷入瓶颈，可能你过早地经历了当兵、创业，又见识了这么多比你优秀的人，所以相比同龄人，你很快遇到了自己的瓶颈。而人的狭隘之处就在于不能用超越时光的眼光看待自己。"他推荐我多阅读经典，读一读中西方的哲学、史学、文学，培养自己的人文素养和眼光格局，找到自己的人生动力和安身立命之本。这个本，是本心，是价值观，是自己坚定的信念，让自己可以获取打败焦虑和拥有幸福的能力。

我当时像被电击一般头皮发麻，那一瞬间让我突然明白大学应该是怎样上的。纵观我这七年的本科经历，教育的核心作用在于启发，启发学生进行自我教育，而老师在课堂上只起到引路人的作用，功夫还是在课下，我们如何自发地进行学习和实践。

其实在蛋解创业过去四年节目中，有一位嘉宾和我的老师一样，扮演了同样重要的角色，他以自己的人生经历作为教材，不断启发和引导年轻人，是一位我非常尊敬和钦佩的创业者。

他叫郑富德，孩子们亲切地称他为"蓝博士"，今年65岁，是一位来自台湾的异乡追梦人。他自打14岁那一年，搬家到了机场附近，每天看到起起落落的飞机，便疯狂迷上航模，将一生都奉献给了这份兴趣。令人唏嘘不已的是，蓝博士的一生就像是在坐飞机，几经沉浮波折，大起又大落，如今年逾六十，却选择和女儿在大陆重新出发，让航模梦想在这里起飞。他让我看到了面对生命无常和不确定性却坦然为之的那份从容，也让我明白一个人所受到的尊重是与他为了自己所执着的理念，所追求的信念而付出的代价和承担的风险成正比的。也许，成为手艺人入门并不难，难的是耐得住光阴。

你的选择，会伤害你，也会成就你

谈及蓝博士与航模的结缘，他赋予这个神奇的过程一个名词，叫作"视网膜效应"。也许正如他所说，我们每个人生来都是有使命的，在合适的时机地点，会接触到令我们热爱和付出的事情。而我觉得这个过程充满浪漫主义色彩，就像遇到对的人，一见倾心，爱了就是爱了，没有道理可言。那一瞬间你会知道，自己会疯狂到一发不可收拾。

同样的，蓝博士也为航模疯狂，虽然家庭并不富裕，父母也并不鼓励，但他还是省吃俭用，把钱都用来买飞机模型。因为热爱，即使没有老师手把手地教，蓝博士也有强烈的求知欲望和探索知识的渴求。他想办法搞到旧书，自己摸索学习，同时整个台湾也不止他一个人玩航模，他就竭尽所能地去找资源、拜师傅。他讲的一句话我特别认同，他说："人生本就是如此。人生何来的导师，因缘到了，你自己会去找老师。"就像他自己，起初航模做得乱七八糟，但是一直在做，一刻不停地做，直到有一天看到别人的作品，会突然明白，航模原来是这个样子，自然而然地就领悟到了其中的精髓。"你要知道，真正有天赋的人，即使你给他百般阻挠，打断他的腿，他也会自己顽强地蹦出来。"

28岁那一年，蓝博士在台北开了人生中第一家航模店，虽然航模在当时还很小众，生意并不是很兴隆，但是凭借着丈母娘投资了"天价"本金开店，蓝博士还是任性了一把。他买进了一大堆航模素材，纯是靠理想和情怀驱动这家店的运营，吸引了很多航模爱好者慕名而来参观。一架飞机模型动辄五六十万元，花费三个月到半年的时间制作而成，这样倾注时间和心血而成的艺术品让很多喜欢他的人叹为观止却无法收藏拥有。他坚持手工打磨每一个零部件、手工组装每一架模型，这不仅需要砸钱，还需要时间、耐心、鉴赏力。为了让每一架航模都能飞起来，蓝博士要不断调整设计，包括贴片怎么弯、弧度是多少、流线型曲线怎么设计。因为没有先例，他只能不停地试，成本极高，也因此这家店可以说是蓝博士的极乐世界却并不是作为生意来经营的。

后来蓝博士采纳了朋友的建议，开始销售适合大众的遥控车，赶上当时市场环境好，再加上台湾经济景气，在20世纪80年代的台湾，一家小小的航模店每个月流水200多万元。"钱多到从收银机里跑出来。"蓝博士回忆道。当时车库里有三辆崭新的车，而他还在考虑购入一辆新的保时捷，可以说蓝博士走向了人生第一个小高峰。

可是"天有不测风云"，金主突然走了。丈母娘离世后，蓝博士一直以来不善经营的问题日益显露，虽然账面看上去现金流非常好，但是有钱任性导致的资金链断裂，使得这家店资金周转不开，不到两年的时间就破产了。不仅房子被拍卖，货被搬光，三辆车也没有了，雪上加霜的是，大儿子生出便夭折了，生活一下子全部归零。

这样的多重打击放在任何人身上都是难以跨过的坎坷，在人生最低谷的时候，蓝博士资不抵债，他只能眼睁睁地看着心爱的模型被人们无情地对待。银行清算人员砍价，50万元的车折价成20万元，"只有被人踢了，你才知道他穿几号的鞋。"蓝博士略带"阿Q精神"地自嘲道。也正是这样乐观的个性救了他，他没有一蹶不振，他觉得只要活着，只要家人健康平安，就还有翻身的可能。

也许冥冥之中自有安排，航模店的一名铁粉不愿看到蓝博士就此放弃，出资2000万元让他在台北101大厦旁边重新开店，这里成为蓝博士新的大本营。

1989年，金城武的广告制作团队找到蓝博士，请他提供出镜飞机模型机技术指导。三年后，他又带着模型机参与了张雨生MV《大海》的拍摄。MV中，飞机飞过张雨生头顶，海风吹起的镜头永远留在了人们心中。蓝博士说："李嘉诚来买过我的航模，吴宗宪的演唱会也请我帮忙制作航模，很多艺人会找我们来定做，新楼盘开工也会请我们去做工地秀。"经营最好的时候，蓝博士培养了一批手艺人。从开模到试飞，他要求每一个零件都是完美的，同时他需要提前预支航模成本，以及支付工人工资，每月每人一万元。蓝博士说："要让师傅没有后顾之忧，这样才能慢慢做出好东西。"在蓝博士心中，艺术无价，每一件作品都是独一无二的艺术品。

虽然新店慢慢有了起色，可是其间一些过去的债主不知蓝博士有贵人相助，天天上门讨债闹店，甚至嚣张到只能叫警察来调停。蓝博士顶着巨大的压力，一方面坚定自己对于航模的信念，做他心中至高无上的艺术品；但另一方面他要慢慢积累资本，偿还债主以及给投资人回报。

人一定要学会自救

他用了五年时间翻盘，还清了全部债款，把之前被人夺走的航模作品也全部赎回。刚刚觉得苦尽甘来，可以松一口气，结果贵人公司的资金被冻结，关联资产被封，101大厦的这家航模店也在范围之内。蓝博士的生活又一次全部归零。

"经历了这些打击，可能是老天觉得你太骄傲了，来叫你收敛、低调！人的一生当中，只要有人扶你一把，这就够了。"蓝博士说。

与此同时，受经济周期的影响，很多收藏爱好者心有余而力不足，只能勒紧了钱包渡过难关。另外，代工量产模式下的低成本速成航模也从大陆流向台湾市场，"同样大小的飞机，他们只卖二分之一的价格，怎么跟他们比呢？"蓝博士知道这是劣币驱逐良币的过程，但令他感到可惜的是，之前培养的一批手工艺师傅都流失了，有的人就此淡出了这个行业，有的跑到大陆去做流程化的航模玩具。终究凭他一己之力，抵挡不住潮流趋势，也无法对抗技术的迭代。但在他的意识里，只有靠双手做出来的东西才是有温度的。

他只能又一次重新开始。由于前些年做生意对于资金的使用没有把控好，在银行留下了不良记录，导致信用不好没法贷款，他只能依靠贵人托关系帮他筹到了一笔启动资金，带着自己的手工航模搬到了桃园乡下。

任何生意想做成都需要流量，而在乡下，人们根本就不懂航模，更别提会花钱买航模了。再加上进货本钱早已不像当年那么雄厚，只能依靠老朋友，勉强维持。

蓝博士明显感觉力不从心了，这些年来生活的大起大落让他有点累了。这时候，在澳洲做教育工作的大女儿艾玲不忍心看到父亲独自承受，便决定回到父亲身边，和他一起办托管班，教小朋友航模知识。

第一次开家长会宣讲时有七十几个人报名。父女俩都很高兴，觉得效果不错，慢慢积累，会东山再起的。当时他们设定的学费是每个月600元，包含午餐、晚餐，双休。一个月后，艾玲发现事情不妙。原来这些来上课的小朋友都交不起学费，而且周六、周日他们也来上课。艾玲去家访，"都是台湾弱势家庭的小朋友，原住民、隔代教养的小朋友，这样的话肯定收不到钱。"她很犹豫要不要继续，就问蓝博士怎么办。

蓝博士也很为难，这些年来他不是不明白，没有金钱就没法浪漫，做航模是需要钱的。可是他看到孩子们求知的眼神，就像看到了当年的自己，"同是天涯沦落人，大家都有难处，才有缘分相遇，既然碰到了，我们应该尽责任教他们，能做多少就做多少。"

可是事情并没有他想象的那么简单，来学习的孩子因为没有人照顾，更没有人教他们知识，连最基本的国文、算术都不会，所有的教育也都只能回到原点，从头学起。就这样硬着头皮干下去了，父女俩在桃园的航模免费课程一办就是八年。这期间，艾玲同时打了多份工，包括做英语家教、餐厅服务生，同时也会找朋友、社会募款，让这个免费的教育班继续办下去。令人欣喜的是，蓝博士数年带着孩子们在台湾参加科技展，还经常拿奖。"蓝博士"的称呼就是从那个时候传开的，因为有关蓝天的秘密他全都知道。但令人尴尬的是，台湾"少子化"现象严重，他陪伴着孩子们长大，直到乡里最后一个小朋友离开当地去外面上学，这回蓝博士面临的是，他没有学生可以教了。

大女儿艾玲就此到大陆发展，太太陪小女儿在台北读书，生活又一下子变成了空白。蓝博士一个人在乡下守着大房子，整天无所事事，突然降临的空巢期让他感觉每天生不如死，睡醒了觉就感觉到伤心，像幽魂一样，什么也不想做。通过上网搜索信息，以及给医院打电话，他知道自己得了抑郁症。当时，蓝博士除了打针吃药和找心理医生聊天之外，他采取了一种更为积极有效的治疗措施，就是有意识地进行自救，尝试找到让自己伤心忧郁的症结，给自己时间和耐心，不再执着和聚焦这个心结，每天晒晒太阳，找点事做，慢慢就会释怀，把心结打开。这个过程说简单也简单，说困难也很困难，但是蓝博士心里很清楚：人一定要学会自救。

创业那么着急干吗

艾玲在北京发展了两年，稳住了脚跟，她开始思考为什么不把父亲的航模课程带到北京来，教给更多的小孩子，把航模手艺更好地传承下去。2014年，在女儿的鼓励下，蓝博士带着他对航模的热情以及研究了八年的航模课程来到北京，起初是与咖啡店和培训中心合作，直到2016年才有契机开了一家属于自己的小店，用"线下教育＋航模店展示"的方式重构贩卖模式，以此养活手工技艺。

　　然而也许是理念过于先进，航模店开业三周，来到店里学习的小朋友只有三个，生意非常冷清。有一天晚上艾玲发现，父女俩身上只剩下19块钱，就担心晚餐怎么解决。最后她买了两碗泡面和一瓶水，发现兜里的钱刚刚好，父女俩苦中作乐，在冷风中端着两碗面，吃得也很香。蓝博士回忆道："生意就是这样，人算不如天算，我认为是对的，就会尽力去做，把自己做好就好，全力以赴。"

　　通过和家长聊天和观察小朋友，蓝博士发现制作航模需要花费很长时间，而且努力了不一定有收获，因此打击了小朋友的积极性，所以他当机立断开设了车模课，组装汽车相对简单，只要把零部件拼插到一起，立马就能看到成果，这个举动迅速吸引了很多小朋友。可是仔细想想，人生不也是如此吗？很多时候努力了并不一定能看到结果，于是人们立马失去了耐心，转移了兴趣和方向，能够留下来坚持的人还会被人们笑话。但值得反思的是，这一切是因为我们太过功利了，还是那个坚持下来的人真的太傻？

　　不过，总算有小朋友愿意来学习手工制作了。蓝博士带领小朋友把一块方形的木头变得有弧度，让木头不再死板，变得有灵性。用简单的工具造出美丽的东西，在这个过程中，孩子们慢慢体会到手作的乐趣。有的时候孩子们没有耐心了，蓝博士也不会强迫他们继续做下去，就像艺术家一样，灵感很重要，手艺人做东西就是和自然商量着来，累了就休息，蓝博士深谙这个过程，无论是孩子的成长还是作品的完成，都需要时间和耐心。

　　可是竞争无情，市场是最没有耐心的，来店里学习的孩子所交的学费还是不足以支撑航模店的生存，蓝博士不得不面临许多意想不到的困难。为了筹集资金将航模店继续做下去，他参加了几场路演，一时间让很多人都知道了这位花甲老人创业的初心和目标，也有很多投资人找到他，但是谈了不过三句话就不欢而散。

　　"3个月能不能赚钱？"

　　"3个月？"

　　"我要3个月见效。"

　　"3年行不行？"

　　"3年我没法等。"

　　这段围绕三年还是三个月的对话，蓝博士心里其实很不认同，投资人希望快速投入快速产出，取得资金上的回报，然而蓝博士已然做了五十年有关航模的生意，再多等个一年两年又有什么所谓呢？他认为教育是要做长线的投入，前期必须做好铺垫，认真教育好孩子，商业模式是一件水到渠成的事。他干脆不再理会那些因为追求短利而变得短视的人，多年来的风风雨雨，他早已无坚不摧，在孤独中自成一世界，怀揣着钢铁般的意志和坚定的信念，带着对航模的热爱驶向正确的航道，度过每一段艰难时期。

他选择了拥抱孩子而不是拥抱资本，全年无休，投入更多的时间和精力，积极参加各种各样的亲子活动，让更多人知晓这门技术的专业性和精髓。这份热情也感动了蓝博士的女儿艾玲，让她成为父亲忠实的拥护者，和父亲一起投入到手工航模的教育开发和普及中。

女儿艾玲说："记得小时候，我常常看到爸爸一个人在自己的工作台前，刨木头、车零件、磨机翼，他常常整晚整晚地工作。那时候我不懂，觉得他一直在花钱做无用的事，我常常向他抱怨，为什么要做这些'垃圾'。"为了表达抗议，艾玲14岁的时候，就选择去了澳洲念书，她要离这个家远远的，离她爸爸远远的，她甚至羞于向人谈及爸爸是做什么的，她觉得那是不务正业。

而如今，手工航模不仅成为一种连接过去和未来的新传统，更成为女儿与父亲和解的桥梁。现在和爸爸一起创业，让她重新认识老爸，发现了一个了不起的爸爸。父女俩在商场的一隅安营扎寨，虽然小朋友不多，偶尔也会有大朋友去学习手作，但是能看得出来，每一个在制作过程中的人，都很享受当下，不骄不躁，仿佛与商场的繁华纷扰毫不相干。来的每一个小朋友都能被照顾到，父女俩作为教育者和经营者，既不打扰，又能在恰到好处的时候提供思路和指点。

可就是这样简单和谐的场面，也总有投机分子试图抄袭蓝博士的教育理念，搅乱他的生意，让他做不下去。甚至有人仗着资本和资源的优势，在他旁边开了一模一样的店，还警告、威胁蓝博士："你在这里做生意要好好听话。"

"做生意要听话？我要听谁的话？"蓝博士觉得又好气又好笑，"没办法，我觉得一些人太着急了，过得也不幸福。"

和蓝博士见面的那一下午，是我很久没有体会到的一种平和、喜悦，仿佛对面坐的是一面镜子，照到了我自己的狭隘和局促。这是与长者对话才会收获到的一种自觉，尤其是蓝博士这样在荣辱兴衰之中安然，在平凡质朴之中自在的智者。他活得超越、淡泊、纯真却又赤诚，他早已看淡福祸无常，荣辱亦如此。所以他可以旷达磊落，不必在资本的裹挟下亦步亦趋，战战兢兢，也不必费尽心机落井下石，攻击那些曾经伤害过他的人，更不必曲意逢迎，孩子喜欢什么就顺从地教什么。这样的他，无愧天地却又温柔于世。我丝毫不担心那些与他恶性竞争的人如何搅局，如何伤害他，因为蓝博士把自己一生的经历融入进了他教育理念之中，这是他教育的魂，是任何人复制不走的精神。

近年来，创业者把融资作为个人成功的标志，把被收购或上市作为企业发展的目标，却违背了商业的常识，没有安心于增加企业的内在价值，过分在意项目在资本市场的价格，这是一件本末倒置的事情。我曾经在课堂上听老师讲企业经营管理的目标，应该始于公益，止于盈利，我特别赞同。在这个浮躁又急功近利的社会中，这个目标应该被当作更多企业的初心和立足点。同时我也曾困惑，那些被资本认可的项目就是好项目吗？我们天天挂在嘴边的独角兽是以什么标准来衡量，融资多，盈利多，还是亏损多？那些资本和媒体共同制造的风口，成就了少数人的盆满钵满和人生巅峰，是否应该是创业者学习和膜拜的榜样？也或许我们很多人创业，根本到不了所谓企业的规模，何不就像蓝博士一样，本本分分，沉得住气，耐得住心性，做一件自己热爱又受人尊重的事情呢？拿世俗的眼光来看，蓝博士并不能算是成功，但常受大众缅怀之人，无一不是痴人。比起蓝博士，我们总会觉得羞愧难当，觉得自己少了一份内心笃定的信仰，少了一份黑夜独行的深刻，也因此少了一份击中人心的精神力量。

　　临走的时候，出于对话语境的客气，也是出于真心，我夸赞了蓝博士的发色很潮，那种明亮的粉色，我染了很多次都没有达到满意的效果。结果隔天，蓝博士就发来染色膏的图片以及链接，无心之话却被有心人当真，想来真是童真可爱至极。

对话

谈教育理念

安生： 刚来大陆的时候，觉得和台湾比有什么不同吗？

蓝博士： 我觉得最大的不同，是发现大陆（发展）太快速了，现在大陆很多方面飞速地发展。

我以教育为例，每个人的人格特质都是独立的，这是我一直认同的，每一个人都是单独的个体。所以你不可以用一个很大的框架、一个系统来框住这样的主体。所以我们一进来做市场调查的时候就很惊讶，因为教育是需要因材施教的，没办法一模一样。

假如我教你一个表面的东西，孩子学会的都是表面的，他没有办法去深入学，所以你看不到孩子快速进步。因为教育本来就是我牵着你的手，我陪伴你，我一路跟你走下去，慢慢就会看到孩子的成功，这才是教育的本源（不能急功近利）。

安生： 针对航模的教育，两边的内容相同吗？

蓝博士： 就拿航模比赛来说，在台湾我们得知比赛的信息，小朋友就要从零开始学习如何做飞机，到了比赛那一天，会有一个场地和一间大教室，大家全部进去，只能携带工具和你的脑袋，到教室里根据现场的材料开始制作，制作以后看谁的飞机更漂亮，飞得更远等。

大陆是模组化，把所有的零部件拼接就完成了，每个飞机是一样的，按照飞行成绩来排名。

安生：那航模比赛比的是什么呢？

蓝博士：所以这就是我们讲的"原点"，你要通过你的脑袋，你的创意，天马行空的想象力，对美的理解，将整个东西表现出来，手作的意义也就在于此。

你经历了很多事情，有很多历练，然后做出来真的可以飞的飞机，是0到100的突破。

安生：那您觉得什么是创造？

蓝博士：现在大家最常听到创客，台湾翻译为制造者，大陆叫作创客，有些创客是结合3D打印技术去做东西的。很多人就觉得你这个跟其他3D打印技术有什么不一样？其实不同的是我们的理念，我们觉得人本教育是最基础的，人本教育要先养成。养成之后，你再搭配使用这些工具就会很快。

安生：那您怎么看待这几年大陆特别大热的创客精神？

蓝博士：创客这个概念起源于美国，创客们本身就很喜欢动手做，有这种 DIY 文化，创客精神就形成了。所以我认为匠人要学美国这种 DIY 文化，然后结合我们自己的文化和环境形成属于我们自己的精神。

安生：您会怎么引导小朋友去设计东西？

蓝博士：在设计当中你要先有创客的教育，就是先让他会动手做出东西，而且融入自己的想法、创意去做设计。创客，我希望小朋友从零开始。让小朋友的心静下来，不要太浮躁，体会制作的乐趣，2 小时静静地做东西，仔细琢磨工艺。不要给孩子刻意制造困难，让他顺其自然，面对问题自然去解决。大人适当地指点，拉你一把，就像贵人当年对待我自己一样，相信你能东山再起，相信你能走出难关。

每个人的天赋有高、有低，一定的。不会所有人都是天才。但说到教育，孔子讲"有教无类"，你不要分类。我来教你，不论你是否是天才，所教授的内容是一样的，通过这个系统把人的潜能发挥出来，每个人会到达他应该在的位置上。

安生：我有一个很大的困惑，就是您做的这个其实是时间的生意，因为您在伴随着孩子成长的过程当中，给孩子施以耐心和培养，但是时间太漫长了，整个世界也好，市场也好，它不允许这么慢地去做这个事情。

　　蓝博士：我们是教育，不是生意，不是企业家那套成功学，我不谈那么多。教育就要慢慢来，因为人才培养不是揠苗助长。同样，现在我想静下来做生意，也要做君子取之有道的事，所以今天我们做生意就是慢慢做，我可能在北京开一两家店而已，但是别人说一下开二十家、开五十家，我也不会眼红着急。生意跟教育，我们想做教育，我希望家长、学生，他们交这笔钱并付出时间，得到他们想要的。

　　安生：所以会不会面对这样的困惑，就是别人抄袭您的想法，拷贝您的一切东西，结果因为他有了资本的引入，马上规模化，立马做得很大，随之而来的就是影响力越做越大，把这种教育的理念也好，把您的想法也好，传播给更多人。

　　蓝博士：讲实话，我并不担心，就算他现在做的规模很大，但细节做不到，越多的孩子去报名，他就越会误人子弟。今天就算市场把我挤掉，但是今天跟着我的孩子，我对得起大家，孩子会跟着我一辈子，我觉得那才是我真正想要的。在每个孩子身上看到他们的成长、改变，那个才是最重要的。

安生：我还有一个困惑，如果家长没有意识把孩子送去培养和学习，或者提供这样的机会给孩子，那可能孩子永远都接触不到这些东西。有的时候教育孩子，是不是应该先从启发家长的心智和兴趣开始。

蓝博士：很多人当了家长，就忘记自己当小朋友的时候了。他忘记自己当初想要玩的不一样或者喜欢一个东西的时候却被大人压抑，让你好好读书，给你压力的滋味了。所以让大人回想起来就好了。

安生：您认为后天的培养和教育，对于一个孩子的成长，起多少作用呢？我有的时候会觉得每一个人其实都是一台生化机器，因为我们做的很多事情可能是由我们的基因决定的，或者是我们身上的一些激素决定的。比如说那些创业者，或者玩摇滚的人，其实是他们的这种肾上腺素分泌得比别人更旺盛，所以他有热情、有激情，想要去做东西，去释放。有些人可能他天生就对这些东西没有兴趣，有的人也可能一辈子都不知道自己喜欢什么。

蓝博士：因缘不必去找，时间到了，他会来找你。有些东西我没法给年轻人讲，因为你们后面的路还很长，人生就是这样很不公平，也很无奈，每个人各有他的路，有的人有慧根或者资质，但很多人没有，我也在心里祝福他。

谈不确定性

安生：您是怎么面对生命的无常？因为无论我们创业也好，还是生命也好，或者是面对日常的生活，明天发生什么我们永远也不会知道，可以说不确定性就是生活本来的样子。我在听您讲述这一生的故事时，我感到您的人生就像是在坐过山车一样。

蓝博士：其实我们每天都要保持警惕，但问题是年龄越小，那个点他没有办法警惕得很深，但你也不能警惕过了头，剥夺了你应该享有的幸福。

他们都说你半截身子入土的人了还创业，我说我60多岁就不叫创业了，就叫冒险了？躺在棺材里的人才不会冒险。

安生：这份淡定是随着年龄阅历慢慢修炼来的。

蓝博士：所以我们教育者光嘴巴讲没有用，你有时看着小朋友，无话可说，因为你知道那是他应该去经历的，而不是别人能替代的。

第 **4** 章

出走半生，归来仍是少年

——"侠客"韩永坤

动笔写老韩之前，先讲个小插曲。

我之前没见过老韩，对他的了解仅来自于江湖的传说和朋友的评价。

韩永坤，人称老韩，一位拥有近 20 年经验的资深广告人，国内知名地产全案公司——万有引力互动传播联合创始人，临近四十不惑那一年烧了 1600 万元做免费版滴滴打车＋房产电商项目，以惨败告终。之后的人生就像开了挂似的，短短几个月的时间，在全国开了 23 家牛肉火锅连锁店"鲜牛记"和"牛记皇"，又迅速在成都开了 3 家"印主题"城市别墅酒店，还成立了海南、青岛第一旅游指南自媒体"海南新发现"，成为涉足互联网、自媒体、电商、餐饮、民宿等跨界连环投资创业者。

江小白的 COO 小白哥评价他是一个非常靠谱、值得交往的好哥们儿。蛋蛋描述老韩是一位江湖隐藏高手，一个非常有故事的男同学。老韩的两位合伙人也给了他极高的评价："如果这件事不是老韩在做，换任何一个人，我们都不会加入，并且也不会为了对老韩负责，把公司做成现在这个样子。"这就是老韩的魅力。

说来也挺奇怪，采访老韩的前一天晚上，我做了个梦，梦见自己是个鲜衣怒马、快意恩仇的女侠，身轻似燕，功夫了得，手起刀落，对方已人头落地，好不潇洒。

实话讲，我并没有看过多少武侠小说、武侠电影，但是我特别喜欢侠所拥有的那股精气神。我想来想去，这其中缘由，可能就是我的骨子里流淌着山东人和重庆人的血，所以分外讲究信与义。

巴蜀之地，因山路蜿蜒曲折，人们的衣食住行必须依靠合作才能实现，所以形成了抱团意识强烈的江湖文化。不知道跟吃辣有没有关系，无论男女老少，性格都比较直爽泼辣。

山东那更不用说了，受孔孟文化影响，自古出忠肝义胆之士，像梁山聚义的一百零八好汉。儒家所提倡的"富贵不能淫、贫贱不能移、威武不能屈"的道义，跟侠所追求的境界一致。

梦醒来后，我浑身酸痛，只好顶着昏沉的脑袋就去见老韩了。我记得那天是老韩和我们一群"小朋友"吃饭。他倒是没把自己当长辈，表现出年龄上的优越感和端架子。我还从没有见过一个跟父亲差不多年岁的人，在不太熟的人面前，"大大方方"地给自己贴标签，说自己是一个"东北二流子"，还自嘲穿得像停车场收费的保安。在他面前，我头一次发现，自己居然有点认生。他滔滔不绝，侃侃而谈，没留任何插话的气口，并且频繁爆出"金句"，类似于"我爸爸要是个好爸爸的话，我这辈子就废了"，还有"文艺是最廉价的求偶方式"等等。甚至还放言："自己在家躺着就把事都办了"——这也许是太多 CEO 梦寐以求的创业方式。我估摸着他当时心里也犯嘀咕："这丫头片子说要采访我，结果一个问题也不问，什么情况？"

我心说，大哥，您那么能说，我是真插不上话啊……

后来我学聪明了，先从老韩身边的人入手，慢慢了解到他现在做的事情，才恍然大悟，原来那天晚上我做的梦是一个预兆，老韩才是那个仗剑天涯、秉持少年心性的"侠者"。

初出茅庐，崭露头角

谈及老韩来北京的原因，挺奇葩的。1995 年，原本高中毕业准备上大学的老韩，在启程之前把当时的女朋友、现在的老婆的自行车给弄丢了。他倒是不慌不忙，还挺潇洒，安慰女朋友说："丢了不要紧，明儿哥再给你买一辆。"结果，买完自行车后剩下的钱还不够交学费的，"嗨，不上了！"

　　这件事直接让老韩陷入尴尬的境地，有家不能回，有学不能上。他不敢和家里人说，就在沈阳街头晃悠，后来实在混不下去，怕回家被老爸揍，迫不得已来北京寻找机会。

　　刚来北京的时候，老韩尝试玩摇滚做音乐，但饿了一段时间肚子后，他发现要面对现实，赶紧买了张报纸查招聘信息，看见一个广告公司招人就去了。结果人家说招的新人刚上岗，现在不缺人，打发他走。但当时还是小韩的他很狂妄，撂下狠话说："我去，他就得走。"老板一看这小孩心气很高，充满好斗的劲儿："哟，那你来呗！"当场就给他布置了任务——设计报纸。老韩提笔就画，短短半个小时，出了30多个卡通版面，墙上的白板满满一大片，并告诉美编，这个板块用这个，那个板块用那个。据老韩以前的同事回忆，老韩当年就是个疯子，每天干的活够别人干一周的，结果其他人都干不下去了。

　　老韩坦言，那个时候自己从来不搭理身边的笨蛋，只和有才华的人才接触，没才华的人自动被他忽略，甚至有人当了他两年的同事他都不记得有这个人。"真不记得，不是故意的，因为在我眼里真没这个人。"

　　他说这番话的时候，我觉得特酷，因为我深知自己才华有限，天生愚笨，所以对老天爷赏饭、才华横溢的人充满崇敬。这也符合我心中对"侠"的一点粗浅理解——他们天生自带光环，不费多大劲就能得来别人努力半天的结果。

话又扯远了。就这样，老韩从插画师做起，没多长时间就进入大名鼎鼎的4A广告公司——麦肯广告（上海）任职创意总监，二十四五岁的时候在行业内扬名立万，月入3万元。个人天赋与积累，加上广告行业在20世纪90年代如火如荼的发展，是老韩实现人生加速度的最强助攻。28岁那年，他获得创意广告大满贯，几乎包揽了广告行业所有的荣誉。一切看似顺风顺水，却也潜藏着一个年轻人对未来的惶恐与不安。

舒服日子过多了，想挑战一下自己

"你看，昨天我在健身房，20分钟就改了一张海报——随便上网一搜，搜一个可爱的形象，拿个哑铃一修饰就完成了。"说这话时，老韩得意得像个小孩子一样。

在28岁那一年登上了广告行业的小巅峰，面对看得到未来的行业机会和膨胀之后的失落，老韩感到惶恐和心虚。在上海最顶尖的广告公司晃悠了一圈之后，又仓皇地回到北京。他称自己是从小不爱学习，看见英语就犯困，可是不会英语的人，在上海想往上爬很难。他说："离开上海，不是因为对未来充满想象，而是因为很多时候对现实充满失望。"

30岁的老韩回到北京，再出发时和曾经的广告搭档一起开了一家广告公司，名字叫"万有引力"。凭借他的专业性和在行业里积累的口碑与资源，短短几年时间，万有引力成为全国十大地产广告公司，在北京、天津、石家庄、青岛、大连、沈阳成立了6家分公司，为远洋、万科、金茂等大型房企旗下200多个项目提供全案策划以及营销服务。

按理说，公司越做越大，在行业内的影响力也越来越大，老韩应该赚得盆满钵满，不会有太多焦虑。但老韩告诉我，广告行业最大的问题就是太依赖于人，金牌文案、创意总监这类人，随着专业度越来越高，积累的案例越多，越会带着客户资源离职或创业，人才流失非常严重。这种依靠人才的行业最终人才聚集起来实现规模化后，也恰恰形成公司难以维持经营的困局。他回忆，当年公司员工最多的时候有400多人，最苦最煎熬的就是过年，甲方经常欠公司一年的钱，可员工的钱不能欠，有时为激励员工甚至还要发双薪，基本上3月份公司是要断粮的。所以行业里很多公司没办法，都开始转型媒体，把创意当成精品服务，寻求更长远的发展。

而老韩应对这种危机的解决之道是：被动地断，主动地舍，果断地离。怎么讲？

2012年左右，万有引力呈现不上不下的状况，一会儿这个城市的公司垮了，一会儿另一个城市的公司接了几个大案子，又够勉强维持一段时间。老韩发现他和公司的另一个合伙人，一个人盯广告细节，一个人盯代理细节，都陷入具体执行中，却没有人制定战略。意识到问题所在，老韩决定跳出现状去上课，正好那一年，所谓的"互联网＋"时代到来了。

那几年到处都是关于传统企业转型、互联网＋、O2O等的培训，很多传统行业老板都被"洗了脑"，觉得传统行业必将没落，只有搭上互联网的顺风车，才能实现自我突破。意识到危机感的老板们纷纷转型，手足无措却又盲目相信只有互联网才能解救企业困境。

老韩应该算是互联网创业大潮中的一个"先烈"。"那个阶段创业是很随性的，可能就是身边几个朋友聊天，聊高兴了就干了。"老韩回忆道，当时自己对于互联网创业很想当然。

他先是和两个做地产开发的董事长创建了一个女性内衣电商品牌——唯蜜。"我们当时觉得，三个董事长干一个事能不成吗？股权结构就三三三，三分天下，三个人投钱，但没有一个股东愿意出来亲自操刀，于是就请团队，从采购、供应链一点点干，结果半年过去，赔了100多万元。"

但是，老韩丝毫没有收手的打算，反而越挫越勇。兴许是职业生涯的顺风顺水让他觉得自己无所不能，用他自己的话说，就是进入了"疯投"模式。

2013年他做了一个免费版打车app——神马特驾房，打出了"免费滴滴，特驾买房"的口号，模式是让广告主、开发商售楼处变成B端，C端客户可以选择去一家售楼处看房，开发商负责报销。

"当时房地产开发商的导流成本很高，我们觉得可以用这个办法来改变营销模式，算一下账，平均成交客户多少钱，广告费多少钱，觉得这件事可行。"

但当他们杀进去后，才发现完全不是那么回事！"最初的300万元项目经费'嗖嗖'就花完了，钱都花到哪儿了呢？工作人员在加油站向司机推荐，每个安装app的司机都送一瓶水，当青岛4000辆出租车、成都6000辆出租车装了app，全国12个城市成立了分公司以后，发现技术支撑不住，赶紧从互联网企业挖了一个三四十人的团队支援。你都想象不到，我们当时周末会招100个地推人员，光差旅费就200万元。而且技术团队并不能解决真实的问题，我是外行干了内行的事。我开始以为UI（用户界面）跟平面是一样的，完全没想到，还需要考虑互动的问题。而且app还要适配不同的客户端，不断升级，不停地推广。最初以为神马特驾房花300万元就够了，最后项目中止的时候，已经过了3年，烧进去1600万元。"

我半戏谑半真诚地问："看您现在这么轻描淡写地诉说这段创业经历，甚至当成段子来调侃自己的跨界不专业，说真心话，损失1600万元，心疼不心疼？"

"心疼啊，如果我拿这个钱买房子，现在能翻成几亿元了。那时觉得互联网颠覆一切，后来发现互联网是方式，是工具。房地产交易是低频行为，为了看房下载软件，这个场景是不存在的。可以说，一个外行投身互联网该犯的错误我全犯了。"老韩很认真地回答，"2013年万有引力的纯利还有600万元，到了2014年就剩下100多万元，2016、2017年这两年甚至亏损，原因就是作死。不过我生存能力比较强，无所谓。赔呗，反正老子带了1500元才来的北京，大不了赔光了。第一个，心态好；第二个，在赔的过程当中呢，我学会了不少东西。一是认识到了自己的不足，真不会的，我真知道了，千万不要以为自己是广告公司大拿，那做什么都是大拿。你在这个领域干得挺不错，如果去另外一个领域，你就是一个'白痴'。你越觉得自己了不起，你越是'白痴'，尤其在跨界的时候，你得学会'空杯'。"

"所以先知道自己不足了。二是我通过做这件事，后来又做了几个创业项目，才明白股权结构、合理的激励机制有多么重要。要不然，再好的资源、再好的平台都会干砸。"

记得曾经有前辈告诉我，当你的能力加上你的资源大于机会的时候，这个机会才是机会，不然就是"坑"。创业之前，先要明确现状和战略目标，中间的差距就是资源和能力，我深以为然。我总在思考创业究竟带给我怎样的收获，直到遇见老韩，我才明白，一件事坚守了足够长的时间，总会有所得。这种所得，不在于名利，不在于做出多大的事，而在于你知道自己所成就的，也知道了自己的本分和局限。现代生活只是一味地朝前迈进，不知停歇，带来的后果就是超过一个人所能承受的极限。然而我们每一个人都有自己最终能够达到的高度，在那个高度上，你也会有自己特定的使命。但问题是，你总得像老韩一样，先全力以赴过，才知道到底什么样的高度和位置，是属于你的。

不计得失地付出，然后知止而后定，是老韩身上最夺目的光彩。

四十岁才找到路

老韩所谓的路，是与谁同路。至于做什么，那都是表象，因为只有人才是最持久的。所以四十不惑的老韩明确了战略，首先就是先放弃什么。放弃自己作为创意人创业所犯的错误，放弃自己并不擅长的经营管理，而清楚了自己"知道分子"的角色后，把自己做成超级枢纽，链接各种资源和有趣好玩的人。

我曾经和老韩的合伙人于浩探讨过，什么样的人可以称之为"好玩"，他觉得好玩就是对生活的态度。有些人对生活是发自内心的热爱，好奇心旺盛，想要体验各种不同的生活状态，把自己过得很丰富、很精彩；而有些人是生活本身已经很无趣了，只能通过另外一种状态逼迫自己去调节、远离那种乏味的状态。老韩当然属于前者。老韩身边的很多人都觉得，老韩是一个"吉祥物"，不需要他做任何事情，只要他在身边陪朋友们聊聊天，就很有价值。

和老韩几次短短碰面，我也发现他对朋友很慷慨，很真诚。他就像是一个图书馆，或者一个浑身长满了长足的八爪鱼，有丰富的信息等待你去发掘，或者随时都能调动身边的资源，与你的需求做匹配。我觉得这是活在当今这个信息时代最重要的能力。我记得2017年有一个词大热，叫"赋能"。这个词的发明人——阿里巴巴集团学术委员会主席、湖畔大学教育长曾鸣说："赢得未来的制胜法宝，不在于你拥有多少资源，而在于你能调动多少资源。"可调动资源的前提是，你是一个怎样的人，如何取得别人的信任，让资源为你所用。

我从老韩身边的朋友那里听来了很多小故事，大多是关于他这些年来提拔的年轻人，曾经以他的公司为跳板，进入了知名的4A公司或者影视圈；或者整个20世纪90年代在他租的房子外面那个小屋子里，永远住满了人。

朋友们给老韩贴的最多的标签是"侠气"，其实我所理解的侠精神在现代社会的体现就是少占便宜，多吃亏，永远把自己的利益放在第二位，放在第一位的永远是自己所尊崇和践行的原则、信念，可以是诚，可以是义，也可以是为民为国。

所以我喜欢创业者的原因就在于他们很多人符合我心中对侠的理解：众信义、轻生死、热血情怀、慈悲心肠、豪爽、喜好结交、勇于排忧解难、扶危济困、隐忍、执着、坚守……

按现在的标准来看，老韩不是一个创客，而是一个侠客。或许他的精神和境界更符合李太白在《侠客行》中所言："十步杀一人，千里不留行。事了拂衣去，深藏身与名。"

对话

谈过往

安生：我去采访你的合伙人，他对你的评价就是"吉祥物"，负责吃喝玩乐，突然发现这一年你又成长了，就是"吉祥物"居然会算账了。你认可这种说法吗？

韩永坤（笑）：到这个年龄最值钱的就是个人品牌了。我本质上就是把自己做成"超级枢纽"，链接各种资源和人。通过不断裂变，裂变出很多事情，在每一个合适的体系里放一个合适的人来做，核心是把这件事做好。这样的话大家在某些领域是交叉的，在某些领域又是独立的。激发每个人的活力。

安生：了解你之前的一些经历后，我觉得你并不算是一个"合格"的生意人，因为你对钱并不敏感。

韩永坤：对，过去强调"木桶理论"，但现在过时了。因为我自己是学美术出身，然后去做广告，一开始是插画师、设计师、美术指导。这都好办，成为创意总监，你就同时要管文案，管客户，管策划。你自己的发展变化，就是一个自己补"短板"的过程。

但有些短板其实是你怎么补都不擅长的。然后反过来还因为你补短板，阻碍了自己的长板往前发展，最后把自己变成一个平庸的人，"木桶"变"木盆"了。

安生：很多画画出身的人，社交可能就是短板，会有一些人专注技艺，不合群，不会与人打交道。

韩永坤：他的不合群实际是为了掩盖自己的不足。通常人的不合群本质上是因为自卑。不信你可以仔细观察，他一定是在某处有严重的短板，跟你没法聊，所以他掩盖这事。而且越自卑越容易自负，这个是人性。

就像我刚进广告圈时那种状态，一个东北小混子来北京，混出来之后当然希望别人认同你。所以用人不能用太顺风顺水的人，没"摔打过"的人不能重用。

安生：现在想想，你当时来北京在第一家公司疯狂画画和目中无人的那股劲儿，其实挺迷人的。我们现在反而很少有那股"急于证明自己行"的心气儿。

韩永坤：你这代人不需要这样，我们那一代人多穷啊。而且你获得的机会和获取到的信息能一样吗？为什么现在很多小孩不需要来北京了？就是这个时代变了。你现在做的直播，还非得在北京直播吗？

不需要。

而且你现在可能觉得过去那种状态迷人，事实上当时是很绝望的。所以为什么我们那一代有摇滚精神啊？我们那一代人喜欢摇滚，现在这一代人喜欢嘻哈。摇滚、嘻哈、民谣这三种态度，你想想。摇滚是表达愤怒，民谣就有点不切实际，太诗意了。嘻哈可不是，就是在嬉笑怒骂了。这三种态度对应的就是"70后""80后""90后"。正好我们"70后"听摇滚，热血奋斗，老觉得世界对自己不公平。民谣这一代，看着别人过着有钱的生活，心里面想着诗和远方。"90后"不是了，嘻嘻哈哈无所谓，生活没什么压力。

安生：是这样的，哪怕"90后"做摇滚也是很佛性的，就是很无所谓的态度。

韩永坤：我们那一代很愤怒，恨不得出去造反的心都有了，当时就是那个状态。因为老觉得太不公平了，对一切都看不惯。我来北京那会儿，看不惯我同事。为什么？老板在，他们是一个状态；老板不在，他们就是另一个状态。老板一走，这帮人把报纸翻开、拿起来，茶水端上。然后我就说："哎，咱老板是咱们爸吗？"那帮人就问："什么意思？"我说："他应该养咱们吗？"这是我当时的原话。后来是朋友了，他们就说："当时特想揍你，看你太小，没揍。什么人啊这是。"人家觉得我怪兮兮的。因为实际上我们这代人只为实现自己的价值，不考虑别的，所以也没有那种求安稳的劲儿，玩命地实现自己。

理想加现实搁一块儿，就是"70后"这一代。

安生：我仿佛在你身上还能看到那种少年的心性和影子，看你平时发的朋友圈，写的东西还是能流露出来。

韩永坤：我们还是有的。为什么现在还在折腾，是因为现在和20岁那会儿心气还是一样的。这些年来，我善于做广告不代表我爱做广告，广告只不过给了我吃饭的机会。我25岁时一个月就拿3万元，这在别的行业是不可能的。它改变了你的生活质量，让你在北京过得不错，但是心里还是有追求的。为什么我们现在看《缝纫机乐队》还很感动？像我健身的那个地方还有当时搞摇滚的人，现在也都泡着枸杞茶、抱着保温杯了。当时是那些东西把我们感召来的，所以做广告的时候我们有这个劲儿，这个劲儿就导致我们谁也不服，所以你说个性，我们是有的，我们当然不服了。

所以在26岁之前甚至28岁之前广告生涯对我来说，再艰难也就是小波折。小波折无外乎自己有点情绪问题，不存在专业问题。

安生：因为愤怒，因为瞧不起人，所以肯定会有各种各样的碰撞。

韩永坤：对。瞧不起这个公司，瞧不起这个老板，瞧不起这个行业。比如地产广告行业，我离开了一次又回来。离开的原因特别逗，是因为我一下子拿了那个广告奖大满贯之后，觉得这个行业真"垃圾"，因为我觉得我没费劲（就拿了大满贯），我觉得费了力气得来的东西才是珍贵的。明明当时做的时候就是随便瞎凑合凑合，自己有时候偷奸耍滑地做一些东西，结果还拿奖了，心想这个行业太差了，才会出现这个情况。

安生：人家拿奖都要感谢主办方，各种感谢。你是瞧不起这个行业了。

韩永坤：对，觉得（拿奖）太容易了。

安生：我要把你这个话写出来，都能激起民愤了。

韩永坤：那时候年少轻狂，我要是有韧性，也许还会留在广告公司。

谈创业

安生：你看你这跨行业跨得还挺快的。

韩永坤：你知道吗？"路径依赖"是对一个人最大的损害，你越有经验就越完蛋。因为我看的人多，我始终在吸收东西，在学东西。我的优点是学东西快。我练画画的时候，其实根本没画过水粉，我高考的那年，只在走廊里看见了一幅水粉画，等我进去画就画成了，就是这样的，学习能力强，所以这就是"会偷懒"。

但是有的人学习能力不行，到老了之后更不愿意学东西了。因为他一学东西就觉得自己不行了，所以有经验的人难以转型。还得保持年轻的心态，你得学东西。这挺重要的，我只是保持空杯的心态，我特别愿意学东西。

安生：你创业的这几个项目是为了满足自己吃喝玩乐，或者自己爱玩、喜欢文艺的情怀吗？

韩永坤：文艺青年有三大情结：开书店、开民宿、开饭馆（咖啡馆）嘛！但其实是想赚钱的，我希望做的事是既自己愿意、开心，同时又能赚钱，谁都是这么想的，很正常。情怀的事，经过我赔完1600万元，见了这么多人之后，我明白很多事并不是仅有情怀就能够解决的，尤其越是你热爱的事，越别介入太深，否则的话，人就一定会栽跟头了。

安生：你一个外行跨界进入到餐饮、民宿，折腾这一年多来最大的收获是什么？

韩永坤：最大的体会是，帮着于浩和学东（两位合伙人）做事，比我自己做要轻松得多。专业的人干专业的事是正确的。

说点形而上的，创业就是一个人成长的过程。你可以看看《权力的游戏》，那里面最先死的人都是特别讲究尊严的人，如果放在创业来说，特别讲究尊严的人创业会死。

安生：怎么看待这个太看重尊严？

韩永坤：就是死心眼。比如我们开公司的时候，假如你对很多行业讨厌，或者对某一家公司讨厌，就可能永远都不跟它合作。但是现在"利益最大化"对于经商来说是排在第一位的。

安生：所以你觉得对于很多40多岁的人来讲，创业是解决中年危机的一种应对方式吗？

韩永坤：人最容易散发光彩的就是28岁至35岁。你看一下大量创业项目，干出名的创始人都是在这个年龄段的，28岁到35岁之间。

为什么我说看电影有看电影的好处，文学青年有文学青年的好处，因为当你有很多信仰问题或者出现某些危机时，你在之前很多书里面看见了，就对它们有预设了。包括历史，我最爱历史了，一般人比不过我，看完之后你知道这些挑战都会发生的，是迟早的事，所以没什么，你的心情也会转好。

安生： 但我偶尔会发现自己读书多了，会对很多事情看得太淡然了，反而失去了一种冲动和欲望。

韩永坤： 其实你想，什么叫创业啊？创业说白了不就是生存吗？我们今天干的所有事跟过去的生存斗争没什么区别呀。你活着就得发挥自己的技能，活得更好一点。只不过原始的时代下打打猎，农业时代种点地。地主也算是一种"创业"啊，没什么区别。只不过到了今天（创业）就是要开公司了。

安生： 但是你没觉得现在创业进入瓶颈了吗？一帮特别有资源的人，或者从"互联网黄埔军校"毕业的人出来创业，和一帮从底层"小白"出身、凭借着勇气和魄力去创业是两种完全不同的路径。

韩永坤： 创业者即使是小公司的老板，也能和一个500强的CEO媲美，因为高管没经历过创业，不知道什么叫"拼"，什么叫

"刺刀见红"，而我们现在这种情况叫"不进则退"。对于我们这一代人来说，就像电影《非诚勿扰》里葛优和舒淇发短信的那四个字："起，安，落，妥"。飞机起飞的时候打个招呼，那边回"安"。落地了那边回一个"妥"。这就是创业。前面说的是如何起飞，什么时候落呢？落了才"妥"。

所以你看大多数开公司的都是这样，不知道什么时候"死"，这是人生问题。什么时候不干才是一个学问。我们要不干其实也行，你去看"70后"，普遍在北京都买了房了，是不是可以不做了？

安生：我倒是觉得，你让我豁然开朗或者恍然大悟的一点就是不断地去做很多很多事情之后，知道自己的边界在哪儿，然后才能知道自己什么可为，什么不可为。这可能是很多人都需要经历的过程，需要不断去走，不断去撞南墙，才会找到自己的路。

韩永坤：这跟我所从事的行业有关。广告这个行业本来就是一个肤浅、浮躁和"不负责任"的行业。因为严格地来说，广告是不需要对结果负责的。我只需要做影响力，影响力多虚啊。这个行业习惯了（虚）。我们原来就说广告是一个特别大的海，跳哪儿去都是膝盖那么深；但是广告这个行业，它又很重要。比如说，现在我做餐饮，我要做的排序，第一是品类，品类错了可能都错。第二是选址，第三是产品，第四是运营。这四个才是最核心的东西。

然后附加的才是营销——你得清楚自己的位置。其实大多有情怀的人干这事，和经营客栈这个行业很像。做客栈的什么人最多啊？建筑师、设计师、广告人。他们一上来认为什么最重要？装修最重要，营销最重要。但对于什么是运营，一概不清楚。一个懂经营的人加上一个设计师最好。

我们现在比较幸运的是，客栈的一个合伙人是做过运营的人。她本能地就知道算账，所以为什么规划客房那么多。客房多了就容易降单价，这样就容易住满，就容易赚钱。做酒店最怕空房。

安生： 那你觉得自己在创业的过程当中吃过的亏都有哪些？

韩永坤： 大多都是吃了股权结构的亏。仗打了，但机制不合理，没有使能干的人得到与他的价值相对等的荣誉和收获。此外就是吃了"外行人做了内行事"的亏，还是应该让专业的人做专业的事。

安生： 你觉得自己最像哪个历史人物？

韩永坤： 我自己打工的时候像韩信。有两家公司，我在的时候，全干成北京第一，我走的时候公司就倒闭了。所以一家公司不能对一个人过度依赖，我自己创业的时候想学的就是刘邦了。

安生：你觉得自己更适合辅佐别人还是自己当老大？

韩永坤：一个团队里谁愿意担当谁就是老大，是不是老大其实无所谓的，把认知自己、学会合作、发挥长处三点做足就行！同时建立成长机制和退出机制非常重要，因为世界是动态的！

谈超级链接

安生：我觉得你最厉害的地方在于你能够"链接"到特别棒的牛人共同做事。

韩永坤：一般再差的人我也能发现他的优点。我知道这个人的特点和经验之后，与别的朋友接触，就会"链接"给对方，然后将人品好的人相聚到一块。优缺点就是长短板，做互补，就可以解决一些事。人要知道自己的长短板，不能只有想法。

所以人的一生最终就是一个认清自己的过程。只不过解决一些事的时候，如果你还惦记着做自己的老本行——广告，你没有办法拿到资源去参与这些事。到了后来做"鲜牛记"、做民宿、做1988cafe+，还有很多其他项目，我发现这些事大家就都可以合作了。

安生：你的合伙人透露过，他之所以愿意跟着你做事情，是因为他当时做你的甲方时，你从来没有吃过回扣。

韩永坤：因为我是天秤座，心里对公平特别渴望，比较嫉恶如仇。我在谈合作的时候，拉我去喝花酒的、拿回扣的、不办事的、拿钱才办事的，我心里面几本账都是清楚的。所以这些人能干成什么样，我就知道他的格局了。

人都一样，无外乎你心里更在乎什么东西。你在乎的东西越少，你获取的东西就越多。很多人，比如不拿钱的，难道他不需要钱吗？谁不想赚钱？可这个人不是，他更看重人本身。这才是最有价值的。

现在人际圈子就两个层面，一个核心圈子越缩越小，可能就几个人互相认同，最后形成一个紧密的关系。但是反过来说，社群圈子越来越大，就是通过互相的链接，每个人身边有更多的人。原来可能大家是拿时间长短来衡量朋友的关系和感情，但是现在不是，更多的是认同，互相的认同。所以我们身边这些人，有几个典型的特点，首先我们都很真诚；第二个就是愿意帮助别人；第三个就是对利益看得不是特别重。

安生：你在面对那些大是大非，或者在处理兄弟之间的利益十分仗义，可能是大家之所以信任你、愿意跟着你的原因。

韩永坤：这事太简单了。你自己的格局比较大之后，你就不怕吃亏。至于兄弟之间，如果这人人品不好，我就从此跟他再无往来，如果这个人人品好，我愿意吃亏。

安生：有时候我会觉得很多行业都是"60 后""70 后"这帮有资源、有能力的人在做，年轻人很难有出人头地或者一飞冲天的机会。

韩永坤：不是，现在已经是"80 后""90 后"在做，但是你需要拔尖，我们也一样。我们那一代人做广告，当时全国那个级别的所谓创意总监，整个北京只有 30 人，而整个广告从业人员有几万人。拍电影也一样，90 年代时电影学院毕业生就跟我说，说北京"飘"着 5 万个演员。但是你现在数一下，中国顶尖的男演员、女演员有几个？10 个手指头数完了，剩下的人干什么呢？在生死线上挣扎呢。所有的行业都一样，能走上来的，就需要具备各种优势，要么拔尖，是特殊人才，要么就是有社交的综合才能。你看有名气的画家，最后是光画画好吗？为什么还能写呢？刘小东写的小说写得好着呢，陈丹青写得也好，纯绘画的是匠人，能写代表是有想法。有思想，能成为一代大师，要不然没戏，就是一个工匠。

如果他能写还能说，那就是顶级的，就像方力钧这样的，能"忽悠"，又知道怎么商业操作，又懂艺术，这是时代造成的。这个时代不会出"梵高"了。

安生：所以你更青睐于这种跨界型、综合型的人才？

韩永坤：跨界的时候你得知道，自己的优势是什么，你才能去跨界，和人谈对等。不是说，你在这个行业特"苦逼"，跨到另外一个行业就能当老大，不可能的。

在这个领域你很牛，到另外的领域你才有机会和人家做资源的置换。

安生：现在很多人可能有一技之长，但是却把自己沦为了工具。

韩永坤：有一技之长可以，但是最后要特别"长"，就像我们那儿画画的小孩，长成那样他怕什么啊？他缺饭吃吗？不会。

然后我来帮他跨界，我知道他的那个东西能给哪个行业产生价值，能卖出多少钱来。

安生：所以很多匠人就缺一个像你这样的伯乐，你也把自己定位成一个伯乐，帮助了很多的年轻人。

韩永坤：不是帮不帮的问题，就做自己擅长的事。我们的经验，我们积累的资源、人脉和自己的专业基因决定了你在这个专业领域有非凡的眼光，换别的领域不一定有。然后，从另一个角度来说，你应该用自己的眼光和资源来赚钱了。

所以，现在"鲜牛记"不仅仅是一个餐饮公司，而且是一个餐饮品牌的孵化公司、餐饮投资公司，是一个母厂，一个供应链公司。我们做平台的大后方，而不是平台。

安生：那现在咱们回过头来总结"鲜牛记"的成功经验都有哪些？

韩永坤：其实我们当时进行万有引力内部业务处理的时候，第一个被淘汰的就是"鲜牛记"，就是觉得瞎玩。我当时觉得可以试试，在好吃的前提下，我宣传，做活动，把开店当成开盘一样。当时做第一家，又是豪车又是比基尼美女，基本上采用的就是开盘搞活动那一套。恰巧那时品类时机都合适，环境好、有活动，然后它就火了，我就想认真去做这个事，把于浩和学东拉了进来。于浩负责架构和管理，学东负责供应链，我们在贵州专门有一个养牛场，从产业角度把这事干好。

"鲜牛记"现在的模式是从于浩进来后调整成的，就是公司控股51%，剩下的49%分给单店的三个人。这个方式，决定了后期"鲜牛记"的发展速度，包括规避了资产的这种风险。第一，规模很快上来，速度会很快。第二，资源性很好，我选的这三个股东不是为了图钱，是为了迅速地解决我的资源和当地的关系。具备获取优质资源和迅速开店的能力的人，是我优先选的人。

　　安生：新年有什么计划或者打算吗？

　　韩永坤：主要就是把"鲜牛记"往平台化发展，扶持产业，孵化出更多优质的餐饮品牌。

第 **5** 章

你见过梦想开花的样子吗

——新片场的故事

新时代中国合伙人

电影《中国合伙人》讲述了 20 世纪 80 年代，三个怀有热情和梦想的年轻人在北京大学的校园内相遇，从此展开了他们长达 30 年的友谊和梦想征途。而今天我想讲述的这四个年轻人，应该可以称得上新时代的"中国合伙人"。

有人曾经说过，电影说到底是造梦的艺术。越好看的电影，越是逼真的梦境，越会让人们沉溺其中，舍不得醒来。

作为中国新媒体影视第一股——"新片场"的合伙人，周迪觉得"新片场"这家公司经过 6 年市场的考验，如今已成长为帮助创作人圆梦的平台，无论是导演、编剧、制片人还是摄影师，所有对电影有梦想的人都会在这里学习技术、交流作品，甚至有机会成为当红 IP、拍摄自己的大电影。

　　而他们自己的梦呢？如果当初没有合伙创业，或许现在大家都各自在适合自己的领域发展。比如说渣哥吧，作为一个东北人，天生自带喜感和网红气质。对他来说，生活天天都是"春晚大舞台"，出口就是段子。刚创业那会儿，渣哥出去谈事情，为了省钱，出门只能坐公交车。有一天，渣哥回来，讲自己坐公交车方向坐反了，一睁眼到机场了，"哎呀妈呀，那家伙，走老远了"，配合着他的神态动作，大家都笑疯了。现在渣哥以"怒豆渣"的身份，在做自频道"电影自习室"，专门负责传道、授业、解惑，很多并非科班出身的年轻制作人都是看着渣哥的视频成长起来的，为此，渣哥特别有成就感。

　　而"新片场"联合创始人陈跃是一个执行力和学习能力超强的人，典型的工科男，逻辑性非常好，但陈跃总是觉得自己做得不如别人好。

　　谈到CEO尹兴良，大家给他的评价都非常高。在周迪眼里，尹兴良是他见过的最聪明的人，虽然他呈现给别人的感觉是"贱萌贱萌"的，还会拍一些小视频给大家逗趣，但他却是同龄人中少有的智商和情商都非常高的人。

　　故事可能要追溯到2006年那个夏秋之交的季节，北京的蝉还在高声长鸣，正是各个学校新生开学报到的时候。一群略显焦躁和疲惫的新生家长提着大包小包在树荫下或蹲或立，等着孩子交完学费，赶快安顿好宿舍。新生们稚嫩的眼神中藏不住兴奋，对大学生活充满了期待。这时，人群中一个四肢纤细、瘦长，看起来羸弱的男孩子，穿着一身松松垮垮的运动衣，背着一个双肩包，手里抱着一台巨大无比的显示器，衬托得他的身材更显单薄。男孩身边没跟着家长，就这么旁若无人地进了宿舍楼。当他把显示器"哐当"一下放在宿舍桌子上的时候，周迪吓了一跳，看来江湖传闻没错，北邮是出了名的极客的世界。

这个男孩就是尹兴良，凭借骄人的成绩和聪明过人的天赋被分进了北邮的尖子班，后来学校社团招新的时候，他顺理成章地抱着他的显示器进了科技部，并且成功当了部长。不过，科技部并不是一个研究航天火箭之类高科技的地方，而是一个做视频的社团。尹兴良自学拍片子、剪片子，到最后几乎学校所有的视频都交给他完成，就这样和视频结缘，并且成了行家。

渣哥当时也是科技部的成员，但是他的本科专业是学影视编导的，做视频是他的本行。整个科技部里，他和尹兴良做视频的质量和水平最高，两个人因此也越玩越好，后来干脆成立了一个工作室，叫亦樊工作室，帮小企业拍一些广告宣传片，挣一些外快。

渣哥清楚地记得他们接第一个活的时候，对方打来了3万块钱的首付款，尹兴良想都没想就说，这个钱一人一万五，片子一人剪一半。当时作为学生，他们的电脑配置都不高，渣哥就想先用一万五买一个好电脑，这样剪辑的速度可以更快；而尹兴良觉得反正目前的电脑还可以用，对方要片子的时间紧张，按时出片比较重要，因此当天晚上就开始工作了。渣哥没有听取尹兴良的建议，花了一天时间去配电脑，但是由于软件不匹配等各种原因，新配的电脑没有派上用场，渣哥只好用原来的电脑缓慢地追赶工作进度。后来尹兴良帮渣哥完成了一部分剪辑，但是钱的问题尹兴良只字未提，还是一人一半。

周迪和陈跃是学生会另外一个社团的，平常没事也会拍拍片子，后来大家就一起踢足球或者打篮球。不过，陈跃相比其他几个人来说，算是运动易受伤类型，虽然喜欢运动，但是一运动就会受伤，不是骨折就是韧带扭伤。后来创业的时候，"损友们"偶尔还会开玩笑说："要不然给跃哥多买几个商业保险吧，这样公司就盈利了。"

别看陈跃个性腼腆，外表柔弱，但骨子里却非常好强，并且渴望成功。平时在宿舍里，他喜欢一个人抱着笔记本看《赢在中国》《The apprentice》这类职场创业型真人秀节目。他希望自己成为能够影响别人、而不是一个碌碌无为的人，这也潜移默化地影响了他在大学里的生活，他开始参加各种各样的学校活动，并且成功地当选了学生会副主席。

北邮的教育理念和教学设置非常务实，无论学生学任何专业，都要从编程学起，因此所有细分专业逻辑上都是通的。每学期结束会有2周左右的学生实践周，也称小学期，让学生亲自参与制作一些项目，因此学校的创业氛围也相比其他理工类学校强很多。在这样的环境下，几个人虽然在不同的专业不同的班，但是通过不同的项目，不断打磨、锻炼团队的协调能力和实操能力，每个人的能力都有了充分的发挥和提升。

小试牛刀

真正让尹兴良、陈跃和渣哥组成团队，体验创业滋味的是一个叫itells的项目。

2010年底，爱立信手机社团俱乐部举办了一个智能手机app的设计比赛，就读通信工程专业的尹兴良和陈跃跃跃欲试，想要挑战一下，他们找来渣哥一起参加比赛。

当时，基于用户地理位置信息的手机社交服务网站foursquare已经在美国上线，并且在非常短的时间内积聚了大量用户，规模超过100万人，并掀起了一股全球范围内foursquare模式的模仿热潮。当时尹兴良作为国内最早一批IOS的开发者，主攻3G通信行业的理论研究，因此对国内外通信技术趋势非常了解，部分国内运营商也已经有所尝试,他设想是否可以基于LBS(位置服务)做一款名为itells的软件,解决身边"程序猿"遇到女孩子不敢打招呼的痛点。

人人网在当时的校园里非常火爆,很多网红、KOL都在人人网试水找到网感。他们考虑先以人人网为接口,看一下用户的反响。很快,他们提交了商业计划书,并且拍了一个产品使用场景的视频发给主办方,顺利拿到了全球第4名的好成绩。

他们想把产品的模型落地,尹兴良负责前端,陈跃负责后端,渣哥做用户界面,几个人天天钻进尹兴良和渣哥在校外租的小屋子里,像打了鸡血一样,从下午下课一直做到凌晨二三点,白天在课堂上也偷着写代码。因为没钱买服务器,尹兴良就把家里的电脑贡献出来做服务器,有时候碰到断电或者拖地的时候不小心碰掉插销,所有人就必须重新做起。1个月后,尹兴良把IOS第一版拽到了北邮论坛里,这个粗糙的基于定位的即时聊天软件一下子引起了海啸般的轰动,当天晚上就有几千个用户下载,发布帖迅速上榜十大热门帖子,在当时微信、米聊都还没有上线"查找附近的人"功能的时候,几个青年极客预判了互联网发展的趋势。

刚刚上市的人人网看到站内分享的流量很多来自itells,想要将他们收编,红杉的VP还有一些投资人看到视频后,也陆陆续续找过他们,想要投资完善这个产品。而陈跃记得,他们和投资人见面聊过之后，尹兴良塌陷的腮帮子凹得更深了，他没有被短暂的胜利冲昏头脑，而是考虑到当下几个学生去做这样的产品，技术上不太成熟，产品还有很多缺陷，他在等待一个厚积薄发的时机。

2个月后，微信添加了"查看附近的人"的陌生人交友功能，用户数量激增至1500万人，到了2011年年底，微信已显露出独角兽的实力，用户数量超过5000万人，同年8月4日，陌陌IOS版正式上线。

这一年，雷军重出江湖，发布小米手机，开启了国内首个"软件＋硬件"的移动互联网商业模式，这一年，全世界创业者心中顶礼膜拜的苹果教父乔布斯永远地离开了我们，这一年，"相声演员"罗永浩还沉浸在《一个理想主义者的创业故事》中，没有想过未来有一天会卖个"锤子"，这一年，海淀图书城倒闭了，伴随着咖啡香的中关村创业大街应运而生……

就这样带着些许遗憾他们放弃了这个项目，几个年轻人有点不甘心，他们近乎宿命般地来到创业大街，推开了车库咖啡的门，眼前的景象让他们惊呆了。这里有一群和他们一样亢奋、自信、精力充沛的人在进行着 open mic 开放展示活动，只要你有创意或者产品就可以到台上路演。台上的人在慷慨激昂地进行着演讲，台下的人眼睛里充满着光，这是尹兴良他们第一次听到有关融资创业的事情，简直像是打通了"任督"二脉一样，兴奋不已。

　　彼时，尹兴良和陈跃已经被保送上北邮的研究生，还在学校继续读书，同时尹兴良在新浪微博兼职做娱记，陈跃去百度实习，在LBS部门做安卓开发。而渣哥毕业后半年没有找工作，就在出租房里和尹兴良有一单没一单地接着后期制作的活儿，周迪虽然陆陆续续换了两个工作，但也始终没有找到自己中意的职位。几个年轻人陷入了短暂的迷茫期。

　　2011年12月的一天晚上，尹兴良和陈跃在北师大附近的一个小饭馆吃饭，想起了前半年每天晚上忙到凌晨两三点，白天照样去实验室工作，大家都朝着一个目标去努力，这种默契的合作让两个人无比怀念。几乎是因为贪恋这种好兄弟扛起枪，说干就干个痛快的感觉，两个人商量着要不再一起做点什么。

　　"我跟渣哥也拍了两年片儿了，演员太难找了，你看人家副导演选角的时候，贴一黑板照片，咱干脆弄一演员挑选平台，让导演和演员入驻，咱还能进军影视行业。多好！"尹兴良说道。

　　"……我觉得这个市场太混乱了，咱根本没法介入。咱几个能不能做点互补的、大家都能一块参与的事。你让渣哥一个学影视的写代码他也弄不了啊？"陈跃说。

　　"那你说国外那些视频网站，像YouTube、Vimeo这些国内没法看，能不能把这些好的视频翻译到国内给大家看？版块就借鉴

Vimeo，做互联网和影视相结合的视频网站。"尹兴良说。

现在回想起来，决定选择互联网 + 影视这样的创业方向，实际上是非常偶然的。对于完全没有影视运营经验的尹兴良和陈跃来说，想要做传统影视是根本没法切入的。但基于兄弟情谊，想要拉上好朋友一起创业，将渣哥的特长与尹兴良、陈跃二人所擅长的互联网相结合，跨界的机会反而是最多的。这其实也给当下的创业公司提供了经验，在中国现有互联网的竞争环境下，几乎每一个赛道都人满为患，如果还按照传统的思维去竞争，是永远无法突破巨头包围的。有的时候，人们会因为自己过于专业而让自己所选择的可能性变窄，反而是门外的人通过更灵活的思路和方式，进入其中，最后颠覆整个行业。

于是，他们尝试着做了一个网站出来，取名"V电影"，带上他们最信任的两个好伙伴——渣哥和周迪，4个人开始了新的创业之旅。

MVP

起初，他们受到国外短片搜集网站 Vimeo 的启发，用 WordPress 做了一个以推荐国内外优秀短片为主的博客系统，还包括幕后教学和行业资讯等内容，这是"V电影"最早的雏形。他们翻译了国外文章、视频还有电影技术教材，在当时比较火的微博和人人网上发，通过站外引流，网站迅速增加了曝光，页面浏览量过万人，正巧赶上过春节，他们做了一系列思乡、亲情、回家等主题的短视频，网站流量又涨了不少。

2012年3月份，4个人商量着可以参考创业路演的方式，做影视圈的开放日。他们在中国传媒大学附近找了一个酒吧，花了2000块场地费，在微博上邀请来了50多个导演进行交流和学习，活动的顺利完成使"V电影"在圈内的影响力迅速传播。那是4个人一起创业最开心的一段时光，因为几个人就是凭借着兴趣和所擅长的技术，做一件自认为有意义的事，而根本不用去想怎么做一家公司。每天只有一个目标，就是网站的流量，所有人都铆足了劲，只想做成国内最大的短视频分享平台。

7月份，他们大学同学刘成城、先于尹兴良创业一年的36氪CEO，介绍投资人、同时也是校友的王啸来看他们的项目，这位"百度七剑客"创始团队成员很看好"V电影"的创始团队，回去认真研究了Vimeo这个网站，发现以售卖高清视频为商业模式的Vimeo流量巨大，而当时"V电影"网站每天独立访客大概在1万个左右，网站方向是对接企业与制片公司，如果参考Vimeo的运营模式，将有很大机会成功，因此决定投资100万元作为天使资金。

签协议那天，尹兴良特别兴奋。100万元在当时的他看来，就是一个天文数字，而啸哥也是有史以来他见过最有钱的人了。尹兴良特意给老爸打了个电话，告诉父亲这个好消息，可父亲半天也没听懂尹兴良说的是什么意思，末了，父亲问了一句："这100万元用还吗？"

尹兴良说："应该不用吧。"

电话那头的父亲终于松了口气："那你就去做吧。"

于是，尹兴良怀着激动无比却又很忐忑的心情，骑着小电动车就去见啸哥了。他生怕自己学生气，显得太寒酸了，配不上投资人高大上的身份，所以在离餐馆还有一个路口的距离，先把电动车停在路边，确认锁好之后，特意整理了一下衬衫和发型，才走进餐厅和啸哥见面。

陈跃记得，一半资金到账的那天是北京知了叫得最热闹的一天，王啸给他们定的目标是年底实现10万人流量，后续资金全部付清。几个人照旧去了北师大旁边的一个小酒吧，开始商量投资进来后股份划分、职位分工等问题。原本大家都曾幻想过，有了投资进来会高兴地庆祝，会觉得离自己30岁走上人生巅峰这样的梦想更进一步了，却意外发现，真正有了资本关注，是自己承受创业责任和压力的开始。那天晚上是渣哥难得没有说段子的一次聚会。大家讨论的最终结果是尹兴良做CEO，负责全局，陈跃负责技术，周迪负责市场，渣哥负责运营。

"我们当时真的很克制，很冷静，因为有很重的担子落在身上，你根本没有精力去庆祝，去享受。我觉得对自身价值的判断很重要，我们4个人当时都觉得我们自身的价值远不止这些，所以钱到位了以后，大家都想着怎么把这个钱的数字变得更大，到未来真正有一天，可以理直气壮地去展示自己，理直气壮地实现财富自由，所以在那种情况下，你根本就无暇去考虑其他的东西。"陈跃说道。

"即使做到今天这个规模，你仍然觉得可能还没有达到心中那个特别理想的位置吗？"我好奇地问陈跃。

"对，除非我们上市保持可观的效益，我们能为社会解决多少就业人口，能为社会做出多大贡献，让人说起我们公司的时候，人人都觉得这个公司真的很棒。那个时候，我理所应当拿到属于我的回报，那才是让我觉得真正理直气壮的时候，在这个过程中会越来越好的，我相信。"陈跃回答道。

就这样，他们开始了全职做"V电影"，注册了公司，入驻了学校免费为学生创业提供的办公室场地。90平方米不到的场地，被他们人工隔了几个房间，开始通过同学和朋友招人。公司成立之初就像一个学生会，4个合伙人一脸学生相，看上去就像阳光大男孩，平时在核心工作群里汇报工作也有点"不着调"，比如"今天我吃了照烧鸡腿饭，18块钱，报备一下"这样的日常琐事。

"现在别人听起来都觉得不可思议，这么一帮不靠谱的人在一起做事。其实从工作效率来看，也差不多，大家反而心情会比较愉悦，对工作安排不那么抵触。"陈跃说道，"不过，很多人进来以后，发现这几个人也没什么呀，我也可以干啊，但自己出去做就知道了，还真不是那么回事，创业成功的比例没有那么高。"

渣哥回忆，周迪在推广运营这方面非常有自己的方法，2012年的时候，各大移动端应用商店刚刚兴起，导航网站的视频板块还没有相对成熟的网站，周迪掌握了合作方的心理需求，很快，第一家跟豌豆荚免费收录的合作顺利谈成，其他应用商店因为竞争，也把"V电影"这块内容收录进视频板块。同时，针对"V电影"的曝光，怎么做投放最有效，周迪有自己一套强大的逻辑和算法做支撑。"他性格特别内向，认识这么久，我还从来没见过他发脾气。"渣哥说道。

另一方面，陈跃在搜索上做SEO优化，渣哥通过线下活动转化一部分粉丝，网站流量因此迅速增长。转眼到了12月底，流量目标如期完成，后续资金全部到账，4个人在办公室欢呼雀跃，当晚在办公室录了一个"哈林摇"的短视频以示庆祝。视频里所有人搞怪逗趣，大家都觉得他们为"V电影"所付出的努力值得这样的片刻狂欢。

当时，尹兴良心里很清楚，如何让流量沉淀下来比较重要，之前的流量是从别的平台导入的，不具备持续性，接下来要在自己的网站、线下活动、微博、微信等渠道发力，以此来沉淀用户。紧接着2013年7月电影超人APP上线，单日获得十几万用户，8月青蓝记（新片场的前身）上线并开放注册，9月魔力盒应用上线，高清缓存三部短片，阅后即焚，12月"V电影"发行首部新媒体电影上线一个月，播放量超过三亿。一切看似顺风顺水，"V电影"朝着正确的轨道发展。

有一天，尹兴良从外面风尘仆仆地回到办公室，他带来了一个好消息："阿里想要投资'V电影'了，但同时还有其他几个投资方给出的估值更高。"他尽量克制住兴奋的心情，问其他几个合伙人该选择哪一个。

"肯定选阿里啊！"陈跃的声音因为过于激动而破了音。他坦言自己一直很崇拜马云，从上大学的时候就一直关注马云，如果真能被阿里选中，简直比中了双色球还要幸运。他这样认为。周迪和渣哥也没有异议，投资就这样敲定了。

电影《中国合伙人》当中有一句经典台词："成功者总是不约而同配合时代的需要。"在2014年，成立影视公司是视频网站的新玩法，除了购买版权以外，视频网站通过成立影视公司的方式在源头上把握内容，继乐视成立乐视影视之后，优酷土豆也成立了合一影业公司，爱奇艺则成立了华策爱奇艺影视。而与此同时，BAT纷纷进军影视文化产业，寻求面向互联网技术的文化业态的延伸与突破。百度旗下有爱奇艺，腾讯旗下有腾讯视频，阿里也在2014年展开了对视频行业的布局，先是与优酷土豆集团建立战略与合作伙伴关系，同时也在争夺新媒体影视地盘。"V电影"无疑被时代选中，成为阿里巴巴战略投资的重要一环。

虽然有了资本的支持，可以迅速拓展业务，但是整个影视行业被互联网那套玩法和资本的进入打乱了游戏规则。所有人都看不清路在哪里，敌人在哪里。公司账上这么多钱怎么花也成了问题，创始团队集体陷入了焦虑和恐慌之中。一个月内，4个人几乎天天熬夜到凌晨三四点钟开会讨论，每个人对业务都有不同看法，争吵在所难免。当时影视制作人交流平台——新片场网站刚刚上线，尹兴良想做成影视类的淘宝，而这个市场并没有想象中那么大，不足以撑起公司的业务主体。淘宝是to C的业务，流量巨大，而新片场是to B的业务，流量没有那么大，那么，做这个制作人的交流平台意义是什么？它能给影视制作人提供的真正价值又是什么？

还有电影超人APP火了一阵儿，月活跃用户数一度达到几百万人，可是没有较好的盈利模式，最后不得不停止运营，这中间走了不少弯路，开展的业务与公司成立之初设想的对接企业与制作方的目标并不吻合，同时这条路好像也走不通了，大家都很迷茫。

"V电影"也是短视频上线比较早的视频网站，但现在回过头来看，在2014年的时候，以视频网站主导自带媒体属性和社交属性的短视频，这个商业逻辑是不成立的，另外在当时移动端播放短视频的用户习惯还没有养成，所以这条业务线也被市场验证无法经营下去。

在创业之初，因为人手不够，所以对于员工的素质和能力并没有过高要求，尤其是对于技术人员的要求，本来APP版本的改进一个星期可以做出来，但结果可能花费了两个星期甚至更多。随着公司的发展，一些员工的学习能力跟不上来，也导致业务无法按照正常的进度展开。公司第一次面临裁员，被裁员的人是自己的同学、朋友，这在尹兴良看来，是创业当中最难承受的。

创业过程中当然会存在很多的不确定性，对于公司下一步如何发展，四个人也常常会有争执。但是大家也发觉，这样争执下去毫无意义，消耗精力，也吵不出结果，好在有足够的资金和能力去尝试不同的路，干脆就交给尹兴良做决定。可能就像鲁迅所说："其实地上本没有路，走的人多了，也便成了路。"结合自己的优势和公司的核心竞争力顺势而为，走着走着，兴许前途就明朗了。

在争吵的过程中，困惑的不止尹兴良一个人，渣哥也面临个人的瓶颈期。创业最初的两年时间，渣哥主要负责视频网站的编辑工作，每天看20至30部短片，挑出四五个有潜力的短片让小编写影评，写完再审片子，不断重复这个工作，非常枯燥乏味。但这是一个量变到质变的过程，有了两年阅片的素材积累，渣哥在策划和剪辑方面有了丰富的经验，这也为他后续做电影自习室提供了帮助。他曾经在公司年会上分享过自己的心得，很多人会觉得当下的工作没有前景，看不到希望，但是你是否有认真对待当下的工作，并且在其中摆正心态呢？说不定某一天这些经验会在某些地方变得非常有价值。

步入正轨

其实成长就是熬过一个又一个迷茫期。在这个历程中，可以打破固有认知、收获新思路的途径主要有三种：阅读、与人交流和自我反思。在和创业者聊天、与经验丰富的前辈交流中，尹兴良从一个基金合伙人那里了解到游戏行业的商业模式，由此联想到内容行业如何管理各式各样的产品计划，如何保持自己的公司有更好的生产力，不断产生优秀的作品。他借鉴游戏公司触控科技的模式，联想到是否可以与平台上优秀的制作人进行合作：先为影视制作人做发行平台，后来做开发平台，有好的作品就会被他们第一时间发现。尹兴良迅速做了一些产品模型去实验，在实验过程中逐渐认识到新片场这个制作人平台在行业布局中有多么重要的战略地位。

掌握了大量的人才资源，通过短视频和网络电影两个通道、两个矩阵相互补充、深耕运营，随后借着"网络电影"的东风，"微电影"概念在国内火起来，新片场逐渐发展成为以"V电影"和"新片场"两个网络平台为基础，以"V电影"和"魔力盒"两个APP为移动搭载平台，覆盖新媒体电影从出品制作到传播发行全产业链的新媒体传媒公司。虽然期间新片场的业务重心从创作人社区到网络大电影、再到短视频经历了几轮调整，你也很难具体定义它到底是一家广告公司、网络公司还是短视频公司，但你不可否认，这家公司影响了新一代电影人。

2015年，新片场登陆新三板，尹兴良、陈跃、渣哥、周迪成为新三板最年轻的创始团队。

故事讲到这儿，其实我并不想鼓吹或评判大学生创业这个事，成长的路有无数条，创业只是其中一种可能性，而新片场并不属于一个典型案例。这个团队确实还年轻了一点儿，至少在现在看来，他们并不算成功，扬名立万也还有点早，但他们身上有几个非常打动我的地方，让我对很多事情有了新的看法。

我在上学的时候，曾经一度非常鄙视学霸，觉得他们就是死读书，读死书，将来进入社会，谁还在乎文凭、学历？知识改变命运的时代已经过去了，未来社会需要的是多元化的人才，我应该学习各种技能，而不是只关注学习成绩和排名。

而现在，我为自己当时的狂妄和给自己读书不好找借口感到羞愧。当我采访了这么多创业者之后，我发现他们无一不是学习能力和逻辑思维很强的人，在面对新事物的时候，通过良好的思考习惯，快速学习和判断，分析事情的本质而不是被事物表面的假象所蒙蔽，剩下的就是冷静高效地解决问题。

这两年，媒体总在鼓励大学生休学创业，我倒觉得这事儿挺好，不让学生亲身经历摔个跟头，很多人并不能够认清自己，换句话说，体验挫败感也是学习中必然要经历的一课，很重要的一课。试想，在今天的竞争环境中，如果一个人连最起码的学习都搞不定，还有什么事能指望他？许多人也许只看到新片场几个人是大学生休学创业，但没看到他们是保送的研究生，并且是好学校里的尖子生，学校和成绩并不一定代表一个人全部的优势和竞争力，但在一定程度上体现了这个人的心态和实力不会太差。

另外，与志同道合的朋友保持一样的价值观、朝着共同的目标努力的团队，也是创业成功可遇不可求的一个重要因素。采访几个人的过程中，让我特别诧异的是，我以为他们之前互相统一过口径，给我的回答几乎一模一样，但我心里嘲笑了自己的"阴谋论"，人家犯不上干这么无聊的事。这侧面说明几个人心中真的是这么想的。他们务实又踏实，谦逊又克制，目标一致，只顾把事情做好，彼此知根知底，对于欲望和利益没有过分看重，他们更注重兄弟之间的义气，和那种并肩作战的默契。

我发现社会上的很多东西开始发生倒转，年轻人做事情更踏实专注，更讲究务实，反而是岁数年长的一些人个性叛逆，总是喊着"颠覆""改变"这样的口号；在我看来，年轻人更注重家人、更谦逊，更宣扬那些传统的精神，而年长的人却成天害怕面对自己的中年危机，变得油腻，不够坦然面对自己。也许是我对年长一些的人带有一点偏见，觉得他们应该更务实专注，才会有了这样的看法。渣哥在采访中说的一段话特别触动我，他说："在刚创业的两三年里，我个人觉得，我们几个还真挺厉害的。尤其是一些高中同学或者大学同学，他们都在上班，按部就班地工作，我们自己好像有一份事业，觉得自己是很顶尖的人或者说是人中龙凤，当时就是那种感觉。但是现在自己会慢慢地觉得自己也就是个普通人，只不过别人在上班，我们在开公司而已。你说公司好不好，其实现在我也没觉得有多好。跟一些大的公司，几千人、上万人的公司比较，不算好，没有那么厉害。我们曾有过高人一等的想法，现在变成慢慢承认自己不过是一个普通人，然后回归正常人的生活，过日子，简简单单。"

可以说，新片场几个年轻人高度浓缩了中国时下热门创业故事里的精髓，带有人们喜欢的标签，并附有一定的戏剧化色彩，如今他们都已到而立之年，有的成家立业，有的还在寻找和等待一份美好的感情，虽然偶尔还会回想起过去那些闪亮的日子，但生活只有快进键，一旦成为主角，你只有按照剧本努力又精彩地继续完成下去。未来的新片场会怎样，谁也不知道，但我很欣赏尹兴良说过的一句话："如果你想做一个艺术家，那么首先你要相信生活，还有你身边这群人。"

第 **6** 章

我的世界没有"无趣"二字

——"顽主"李海波

我们时隔一年没见，再见面，发现他头发全白了。

我很想知道，这一年，他经历了什么。

他脖子一歪，说："经历了很多，打了很多场仗，还损失了几个亿。"那表情就像早上丢了十块钱一样简单，没什么大不了。

会讲故事的人更"好命"

某产品经理大会，前四位演讲者演讲时，台下氛围如同一潭死水，令人昏昏欲睡。直到最后一位压轴的李海波上场，很多人才觉得来值了。

PPT上赫然几个大字："给时间以生命"，紧接着下一页就是几个标签：农民、照相师傅、记者、编剧、科学松鼠会、麦极网、海趣、喜马拉雅FM。场内爆发出热烈的掌声。

从文明与智慧的汇集和分发，再到新工具平台帮助认知创业，以及技术趋势危机的应对之道，他深谙演讲的套路，懂得制造爆点，煽动观众的情绪，引发一次又一次的掌声。演讲的最后，他呼吁所有人一起努力，建立一个尊重创造者的世界，一个让有价值者有尊严的世界，一个让每个个体的时间与生命更有意义和趣味的世界。

他停顿了两秒，说："建议大家多去读科幻小说吧！"

耐人寻味的收尾，瞬间点燃了全场，掌声持续不断。

演讲结束后，许多人冲上台，要求合影留念，互加微信，围着他请教问题，甚至有心者做好了简历，亲手交给了李海波。

我站在舞台下，看着这场面，有种难以言表的感觉。就好像走在大街上，看见一大堆人簇拥着他们敬佩的人，而恰巧你跟他关系还不赖。有的时候，人们崇拜一个人，你说不清是因为他所处的位置、平台的光芒，还是因为这个人本身散发的魅力。

等粉丝散了，我悄悄问他："这场活动能卖多少台小雅（李海波设计的AI智能音响）？"他略带疲惫但心情不错地说："500多台吧！"

这个在混沌大学讲课光打赏就能赚20多万元的人，几乎每场活动分享都能有不错的销售成绩。他脸皮薄，不善跟人谈钱，做农民的时候肯弯下腰，做商人的时候，未必弯得下腰去。但在这个内容即产品的时代，他不必过分直白，喜欢他的人自会追随他的情怀。

感谢农村教给我真与善

还记得第一次见面，是在一个周六的早晨。我匆匆赶到棚里的时候，蛋蛋、大海已经在和嘉宾沟通节目录制流程了。我推开门，嘉宾背对着我，一头到肩的白发，夹杂着略微几根黑发，自然蓬松地向后披着。由于逆光的原因，消瘦的背影更显单薄。

我站在一旁安静地听。他的声音低沉，声线柔和，浓浓的西北口音，让人联想到头上系着毛巾、穿着白布坎肩、露出黝黑皮肤的西北农民：朴素、厚道、老实巴交。两条亚麻布袖子里露出精壮的小臂，饱满的血管清晰可见，指甲剪得恰到好处，左手无名指上戴着样式简单的戒指。这双手不像一般位高权重男人的手那样富态宽厚，他的手看起来精巧有力。如果不是事前得知他是喜马拉雅FM副总裁，我猜想，他应该是个艺术家。

后来，经过了解，渐渐从他嘴里得知他的家人的情况，越发觉得这个人很有趣。

故事可能要从近三代人讲起。李海波的爷爷，曾经是甘肃省篮球队队员，两米二的个头儿，在庄稼地里比成熟的玉米秆高出好几头，再加上会打篮球，被人相中，从农民变身为篮球队员。退役后，省里在物资管理局为他安排了个职位，爷爷摇身一变成了干部，从此成为村里一个有身份的人。

爷爷平生有两大嗜好：一个是收藏眼镜，一个是酷爱石头。在当时的甘肃农村，爷爷是村里典型的"贵族"，出门一身皮大衣，头戴皮帽子，眼睛上戴着大石头镜，背着双管大枪，牵着一条火红色的大藏獒，一副老爷的气势。所有照片上几乎都是两个黑乎乎的大镜子盖着脸，特别有趣。

而爷爷对收藏石头更是非常热衷。他收集了上万块石头，每块石头上面都会有不一样的图案，他会在一般人发现不到的地方发现美。最离谱的是一次爷爷和奶奶在黄河边发现了一块好几百斤的石头，两个人年纪都大了，拖啊拖，拖了500多米实在拖不动了，就从村里叫车。两口子坐在石头上，一路有说有笑地跟车回去。后来李海波第一次创业，爷爷精挑细选，拿出十几块石头，卖了几万块钱，给海波一笔创业启动资金。这个一生只会写自己名字和"同意"二字的老爷子，以自己独特的审美，发现了很多珍贵的东西，鼓励和支持孩子们做了很多事情。

虽然生长在甘肃贫穷的农村，但爷爷总会在孩子们的口袋里装5分钱，告诉海波，"你出门走在大街上，你是有钱人。虽然5分钱什么也买不到，但你和别人是不一样的。"所以，在海波身上看不到欠缺感，就是指对钱的流失有所担心，什么都不敢买，或不敢买最好的。很多农村出来的孩子大多都会有一种自卑感，他会觉得自己好不容易争取到的东西，要非常非常珍惜，会抓住不放，也因此会导致得不到更多。

海波至今都觉得在农村长大的时光是他最快乐的时光。他是家里的老大，父亲曾考上一所大学，但因种种原因最后没能毕业，而是回到村里当了一辈子小学校长。20世纪70年代的农村，在全国人民面朝黄土背朝天的大时代背景下，父亲的理念和观点，哪怕搁在现在这个时代，都是很前卫的。比如，父亲会指着一本画册的封底说："这个房子好不好看？"弟弟妹妹们都点头说："好看。"父亲说："你们谁能给我画出来，我就给你们盖出来！"就是这么一个简单的承诺，海波每天照着画册涂涂画画，终于画出了心中别墅的样子。父亲询问再三："你确定好就按照你画的样子盖咯？你要承担责任的哦！"于是孩子们跟着父亲，学习如何盖一栋楼房。在1983年的农村，村里基本都是土坯房，而这一家人，根据《建筑工人》杂志上教的技巧，学习如何砌砖，如何抹墙，如何搭架子，如何浇铸混凝土板。这栋寄托着全家人希望的房子，一盖就是16年，在这个过程中，大家学会了协同做事——最小的妹妹负责舀水，海波和弟弟把石头从山底下背回来，清洗后做成可以搅拌在混凝土里的原料，爷爷奶奶每天从山里头找漂亮的小石头装饰墙面，父亲负责砌砖，母亲负责给他往上递材料。

后来爷爷奶奶相继去世，兄弟姐妹在外面上大学，而后各自成家立业。这座承载了全家人梦想的建筑，就成为博物馆，收藏了海波第一篇获奖的作文、为了考大学满满两箱子的手抄稿、第一个用泥土做的玩具、第一次经商做的小佛像……总之，那些年里，全家最开心的事就是看着这个建筑一点点长高，离梦想又近了一步。

父亲在孩子们很小的时候就订了两本杂志——《中学科技》和《少年科学》，每个月初，海波都骑车40公里地去县城邮局取书，在邮局坐到天黑把书读完，回到家，弟弟妹妹会把杂志读到破烂。杂志带给他们一个明确的信号：外面的世界很精彩，有太多东西要去学。

当时，父亲扔给他一本书——《无线电》，告诉他："这个收音机很好玩，里面的声音很好听，你可以尝试自己做一个！"于是，在父亲的指引下，他开始每天捣鼓管子，一年级就做出了人生中第一台收音机。发声的一瞬间，对于一个稚嫩的孩童来讲，简直太神奇了，这不仅打开了他探索声音世界的好奇心，也实现了父亲最得意的小算盘。

接下来，父亲利用手中一点小小的权利，到镇图书馆借了许多古典音乐黑胶唱片，在不通电的农村，用两个高音喇叭，放起了莫扎特的《费加罗的婚礼》。全村子的人都惊呆了，在他们的世界里，下地干活后，能吃上一碗热腾腾的面，叫广播站放点秦腔小调，就是极大的享受了。领导直接跟他父亲讲,不要放这个东西,这个不好听。可是这些大洋对面的曲子对于海波来说可不得了。父亲把这些唱片搬回自己家,从县城花65块钱买了一个皮盒子的唱片机,村里淘汰的喇叭用不了就自己做,每天中午从田里回来,还有晚饭过后,父亲会去搜寻信息,给孩子们讲,这个音乐是谁的音乐,也会把音乐背后的故事讲给大家听。

虽然那些曲子不是特别有名,喇叭还是破的,吱吱啦啦的声音从没有断过,并且廉价的唱片机发出来的声音也并不动听,但是这份愉悦精神的美好一点一点渗透到他的脑海里,在他内心深处扎下了根,发了芽。对于一个乡村里的土孩子来说,那是一份了不起的精神大餐,帮他打开了一扇门,让他踮着脚尖看到了门外面那么美好的东西,就会埋下一个心愿想要去探索更精彩的世界。声音带给人奇妙的灵魂享受,诱惑着他不断完善自己的设备,让它发出的声音更美妙,样子更好看,也影响着他日后的人生轨迹。

海波回忆起小时候,觉得自己当时"蛮懒的","一门心思就是一定要走出去,因为我们家地多,养了很多猪,每天干农活很辛苦,冬天最重要的一个工作就是把满满一猪圈的肥给清出来,冬天猪肥会上冻,一镢头下去手都会震裂,但是冰上只是凿出一个白点,可是等到开春就来不及施肥了。我和我弟弟要干整整40天,大概要弄二三十车猪肥拉到田里去，我们犯懒是因为我们想要逃离这种生活，我们向往更精彩的世界，而不是每天面对这些农活"。

海波的老爹不仅在声音的世界为幼小的他打开了一扇门，更是不断地培养孩子的创造性和独立性。从海波上初一开始，父亲就分别给四个孩子50块钱出去过暑假，不管怎样别回来。两个男孩子在公路上搬材料、和水泥，两个妹妹在工棚负责给大家做饭。一个暑假海波挣了1000块钱。父亲问："你想用这笔钱做些什么呢？"海波说："我发现有一种好玩儿的东西叫照相机。"父亲毫不犹豫地说："好，你去买。你自己的钱自己做决定。"

于是，爷爷带着海波去兰州商场里，买了摄影"启蒙者"——海鸥牌相机。这也奠定了他之后人生中在摄影方面的建树，开了三次个人摄影展览，加入了中国摄影家协会。

我曾有幸见过一本珍贵的老相册，那是海波为全村记录的人物肖像及故事，一拍就是15年。有一生命途多舛、孑然一身的七爷；有体弱多病、苦尽甘来的狗娃二姐；有屈服命运、继承家业的阴阳先生林兴……这些人都是第一次拍照，海波了解他们人生中每一道沟壑背后的故事。命运的无常让那些曾经穿一条裤子的好兄弟们走上完全不同的人生轨迹，而他们大多都留在了农村，默默地娶妻生子，度过漫长的一生。

　　海波在相册的最后一页这样写道："在物质文明高度发达、物欲统治着一切的现代社会，他们有点像被忽视的人，他们与现代文明的强烈反差并没有引起社会关注。当很多镜头对准了'民俗''文化'的时候，普通的生活反倒被忽略……活着，是一个艰难的大命题，记录活着是一种责任，也是一种乐趣。"后来他一直沿用人、照片、人背后的故事这套手法记录一些东西。一个地方是怎么从以前不通电的状态，到最后互联网的普及，再到每家都开始有了汽车，因为时间是回不去的，所以从前的记录就会特别珍贵。

　　与老相册同等珍贵的，是父亲的一封家书：

　　儿子，有些事情未及细谈，你尚要赶路，不影响你休息了，写给你吧。此次回家，我看到的是一个确已长大的三娃，我批评了你慢待昔日为恶于你的同学，想必你该明白。同时，作为你的父亲，我很自豪，不仅仅因为你的成就，还因为我得知了你回家头一天去村里修引水渠，第二天又去你冯叔家帮他拉粪土……儿子，在家的日子你只有年三十晚上，我们谈得太少，但我不怪你，你没有忘掉乡亲们，没有忘掉你是咱村的孩子！你说外面的世界变化很大，我信，而且我也相信你没有忘掉走时我写在小铁板上的两个字："真""善"。你的农民父亲能给你的就是这真与善的心灵和品质。

这样一位尊重孩子天性和善于发现孩子天赋的父亲，别说在农村不多见了，就是在城市里也非常少见。我想象他现在的模样，应该是我小时候看动画片《快乐星球》里的老顽童爷爷，童心未泯，收藏着孩子们从小制作的手工制品，那是孩子们生命中的记忆。他偶尔也自己动手制作一些科技玩具，农民们还在庄稼地里，用镰刀收割麦子的时候，老顽童爷爷却驾驶着自己设计的电动收割机，呼啸而过，笑声掩盖住了机器的嗡嗡声。

当记者可以看见众生百态

在教育资源稀缺的农村，老师的第一职责不是教书，而是当农民。他们每个月拿着8块钱的工资，腰里随时别着一把铲子，抓紧一切课间休息时间去田里拔草。海波说："英语老师自己的发音都一塌糊涂，教我们初二数学的是初中毕业的，水平也好不到哪儿去"。

而在这样的情况下，海波靠着一股子韧劲和倔强，还有想去看更大世界的梦想，愣是把所有书都抄了5遍，170个本子抄得满满的，靠这种"笨"办法，在1996年的高考中，他数学不及格，英语连30分都不到，但是语文、地理、历史都是满分。

我曾有幸见识过海波的笔记，字迹清雅俊秀，干净得一如池塘里的水，见过的人很难不为之动容，这其中就有西安交通大学招生办的老师，专程到兰州约见他。老师很为难地说："我特别纠结该不该要你这个学生，你是唯一一个报我这个学校的，当然，你的分数超过了40分，但是你将来肯定是毕不了业的，因为有英语四六级考试。我可以把你招进来，但是要冒毕不了业的风险，你自己决定，看是进西安交大还是推荐到兰州大学。"一直抱有想要看更大世界梦想的海波，毫不犹豫地选择了西安交大。老师后来回忆说，这是他职业生涯中做过的最冒险的事情。

正如每一个刚刚进入大学的学生一样，海波觉得大学奇妙好玩极了，他和六个死党成立了大学杂志社，还参与了新海洋工作室的工作，第一件事就是办杂志，第二是拍话剧，第三是开演唱会。"肖洋是《少年班》的导演，陈新德是罗技中国的高管，曾海若是《第三极》和《我的抗战》的总导演，你会发现这几个人在学校折腾的方向，都是他们未来人生的方向，而不是在课堂里学的那些东西。"我每次回交大都跟学弟学妹讲，你一定要找到一辈子想做的事情，而不是今天我报了什么专业，专业让我学什么。如果不是从心里热爱，怎么能做好呢？"海波兴奋地说道。

他觉得，当记者可以去见识很多不同的人生经历，一定是一件非常有趣的事情，可是工科院校背景的他并不会写东西，偶然看到校刊在征集记者，正好从兰州到西安的火车上他捡到一份《兰州晚报》，上面有一篇文章写高考写得特别好，海波记下了里面说过的每一句话，回去后原封不动地抄下来，文章意外地被发表了。他意识到这是抄袭，感到无地自容。一次很偶然的机会，他接触到了《光荣与梦想》，书中的格局，对他的后来产生了很大的影响，他在大一的暑假去了陕北定边，在毛乌素沙漠采访了一个月，学习到体验式采访，回来后写成文章发表在《中国青年报》上，这让十八九岁的他体会到了成就感。他开始尝试办校刊，起名《大学》，源自老子的"大学之道，在明明德"。他想要将其做成校园中的《南风窗》，不流于风花雪月的粉饰造作，更多的是年轻人的批判和反思。后来，这本杂志居然发行到全国400多所学校，风靡一时，大家愿意花钱来买这本有深度、有内容的大学生校刊，以至于启功先生、余秋雨等大家也都愿意为之题词。前两期杂志，主题还跟学校站在一条线上，但从第三期开始批判各种事情。当时流行并校，《大学》用了75页进行了反思，"大学并校该不该走"，"西安交大是否选择了不归路"。学校领导看后，很生气，号称要把杂志收回，幸亏当时有一些了解学生想法的老师，说让这帮孩子去试，翻不了天的，但一定要让他们的想法表达出来。

　　后来还是出了事，海波当时担任社长兼主编，全社75个人全部被开除。一年后，学校又恢复了《大学》的发行，但是海波从此没有再担任主编。

　　这份杂志从1997年到现在，二十多年的时间，依然在大学生中间有很深的影响力，并且那股热血精神依旧在传承。以当时的赤子之心来表达年轻人思考的东西，虽然稚嫩，却发自肺腑。

　　他尽情地享受青春洋溢、挥斥方遒，然则临近毕业，49门课程挂了41门。这样的"另类"学生在国内的教育体制下一定是要被开除的，然而命运似乎总是在关照他，学校的校长找到他，语重心长地对他说："你这样的学生让我很为难，不把你保护住，掐死了一个苗子；保护你的话，你知道我要违反多少校规吗?"最后，校长说："我这辈子只做这么一次违背教师原则的事。"他还是选择帮助海波，41位老师，一位一位地去替他开脱，放李海波一马。所有老师都被说服了，只有高数老师不同意，海波就写了四页纸，告诉老师他到底想要怎样一种人生，以及自己为什么不会高数。也许是真诚打动了老师，老师给了他一张得分70分的卷子，告诉他："别抄得比这份卷子高就行。"

　　后来，他如愿以偿地成为《中国青年》杂志的一名记者，在他7年记者职业生涯中，这匹不受拘束、自由自在的野马，看遍世间冷暖，体验了各种各样的人生。

　　他恣意随性，放浪形骸，天马行空地书写着他的所见所闻，也给杂志社惹来了不少官司。而他的主编彭博和编辑部主任彭明榜老师给了他一片草原，也给了他尊重与包容。

有一天，海波还在外面采访的时候，突然接到主任的电话："海波啊，这个月的工资90%我都给你扣了，你要还我钱的。"

海波一听，纳闷地问："我啥时候欠你钱了？你这不是胡闹吗？我好几个月没回北京了！"

"我帮你买了套房子，我看那房子挺好的，你一个人啥也不操心，将来怎么办？反正我帮你买了，这钱你啥时候还清啥时候完啊！"

海波心头一热："行行行，那我就不管了！"然后该干吗就干吗去了。

而这套房子就是海波日后创业的启动资金。

成为喜马拉雅FM副总裁

从报社出来后，他和姬十三、小庄、董毅然等一帮热爱科学的小伙伴一起做了"科学松鼠会"，初心是希望能够把中国人的科学素养、科学精神提升一下，只有大家都意识到科学是一件重要事情的时候，才会去追求那些正能量的东西。然而，姬十三认为科学的未来在互联网上，于是掉头做了果壳网；海波不认同，坚持科学传播必须依赖传统媒体，做了《新探索》杂志。结果，两年之后烧完了几千万元，项目还是倒闭了。这让他意识到，做事的时候不在于你有多努力，如果大方向和趋势判断出现了问题，是一定搞不成的。

再后来，海淘和代购还没有出现的时候，他和三个好朋友一起创立了麦极网，找到国外好玩的东西，拿到总代理权，分发给国内做创意产品的公司，五年时间做到了年销售额近亿元。不安分的他又成立了海趣网，自主研发设计了7款产品，结果6个都失败了，唯一一款成功的产品就是Pluto音箱，在"罗辑思维""一条""吴晓波频道"中都大获好评，也由此与喜马拉雅FM"联姻"，成为人人艳羡的喜马拉雅FM副总裁。

他坦言，自己是一个"花心"的人，也大大方方地承认，自己早期根本不是一个商人，而是个一心贪玩、不断折腾的大小孩，很少去计较利益的得失，所有事情在他眼里，只有好玩与不好玩之分。委屈了，难受了，甚至文章开头提到的"损失了几个亿"，一瓶60度的威士忌，再给自己灌输点"鸡汤"，所有的烦恼第二天早上就忘得干干净净。他活得那么潇洒，那么轻盈，时刻保持一种饱满、深刻而具有力度的精神状态，说真的，我钦佩又向往。

我曾经在一期春节特别节目中说过，我欣赏李海波，是因为他身上有一股傲气和贵气。傲气体现在他做任何事情的态度和心力。不计成本地投入自己的情感和气力，除了基本的职业操守，更可贵的是内心的骄傲。只有骄傲，才感觉值得，才会赋予自己和所做事情更强大的力量。而贵气，是指在金钱面前，知道自己的价值，不在志得意满时目空一切，也不在失势时陷入自欺欺人的妄言，他不卑不亢，对世事了然于心，坚守更长远的人性观念和价值，这也许是爷爷带给他的良好家教，也可能是他的天赋。

写这篇文章的时候我想起他曾经说过的一句话："所有公司都有两个量，一个是常量，一个是变量，公司发展过程可以是从电台到平台，从移动到AI，变量是每一个技术变革与认知扩展，而常量是人性与时间。"我想，人也是如此吧。不管在做什么项目，身处什么职位，人本身内在的品性是永远不会变的。

电影《无间道》里曾经说过："一台好音响，是高音准，中音稳，低音沉。"海波和我都还处在人生的高音区，昂扬、明亮、自由任性。也许再过几年，待我们把高中低音都走遍，才会感知到，人生最有趣的音区是哪一段。

对话

安生：你为什么这么好玩又会玩？

李海波：我觉得还是跟书有关系，现在已经蛮多人都不读书了，大家在不停获取碎片知识。但是读书这件事本身，并不能带给你多少知识，它是两个观点的构成：第一个是你的见识，第二个是你的人生观。

我前一段时间给混沌研习社分享我的读书观。我在人生每一个阶段读的书方向基本上一致，你看我身后的书架，三类书：一类是历史，尤其是近代历史，我在试图寻找这之间的规律和一些不合理的东西，我想找到真相到底是什么。因为远的历史已经还原不了了，但近代历史有很多佐证，比如它是这么写的，但是在电报里，在书信里，在国外的记载中不是这样的，我想知道这是怎么回事，我不想被蒙骗，这是第一个原则。第二类是有关心理学的书，我想知道人是怎么回事，人的心思是怎么回事，人的社会行为背后的原因是什么，怪诞的行为背后支撑的理论是什么，所有这些都是可以穷尽的。第三类最重要的就是科幻书，我用了三年的时间专注地穷尽科幻书，一旦你的宇宙观建立起来，你会发现很多事情真的可以不用去在乎的，名声、金钱够用就好，我还有太多别的事情要去做，我要把我在世这短短的一瞬间活成闪光的一瞬间,不要像沙子一样唰地流过了。当你了解了宇宙的历史,你会很绝望,你会很着急,每一秒都是必须要珍惜的,那这一秒,如果这件事不好玩,我干吗要去做呢?好玩不在于是否让我心情愉悦,而是让这件事成为我短暂生命一个宽度的增加符,让我比别人更有趣味一点点。还是那句话,长度都是一定的,人活这一辈子,时间长短大家基本都差不多,谁比谁更精彩,就看有没有"多折腾"。

同时,我也会在科幻小说里面寻找商业的逻辑。每一部小说里面都会提到许多法则,比如"宇宙的生存法则""黑暗森林理论""猎手理论""降维打击""跨国公司"以及"考核时间武器"。这些东西应该怎么用呢?比如直播平台互挖主播,其实是没有看懂、学会产品背后的逻辑,就算两倍的价格挖走,也一样做不起来。大家不是在一个维度做竞争。

安生: 你现在还会自己动手做一些好玩的东西吗?

李海波: 会,我现在住的房子就是我自己做的。我是从上海一个别墅的样板间拆的地板,那个别墅放在那八年了,但是没有多少人用过,所以尺寸不一定和我家的尺寸是一样的,我就要考虑哪个放在地上、哪个放在墙上,各种搭配,用完看看还能干什么。二手东西特别有魅力,我几乎不买新的东西,我们家所有东西都是二手的,在别人看来，把样板间整套东西买回来，大小、尺寸不一定合适，还要动手做，一想就算了，但是这个事特别有乐趣。我的房子装修了一年半，只招两个工人，每天我给他们画图纸，告诉他们做什么，把要求画好，让工人按要求干活。

　　我上一套房子在国贸，175平方米，是一家居民住宅改造成的工作室，楼下是会所。我每周组织一次聚会，主题就是"好玩的东西"，这次你讲音乐，下次他来讲红酒，再下一次你来讲打火机。我有一个朋友收藏了上万个打火机，他会带着自己的收藏，我来负责吃的喝的。我大部分朋友会在这些没什么用的、不相干的事情上认识，我不想通过商业去认识朋友，因为朋友不是用来做生意的，所以我从来不跟我的同学做生意，做生意我就是个商人，我会苛责他们，让他们觉得从你这赚点钱怎么这么难！但是我跟朋友们在一起很开心，在交往的过程中，大家没有商业的目的，反而能碰出商业的事情，能发现有趣的人。

　　安生：你这么热爱音乐的人，为什么会跟喜马拉雅FM合作？

　　李海波：首先这个事要回归到我为什么做音响。我特别喜欢听现场音乐会，我一直在寻找有没有某种设备可以还原那种感觉，但很遗憾，没有。因为音响是把当时的录音场景还原出来，却受制于很多科学因素，当声音经过电子信号的处理，再经过空气触达到你的耳朵，在大脑里形成想象的画面，每一个环节都有损失。环节越多，设备越不够好，损失越多。水桶的短板决定你的结果。而且你去逛音响店会发现，他们一定会给你放蔡琴的歌，放《加州旅馆》，放这些被修饰得极为甜美的音乐。甜美的音乐有一个好处就是它瞬间能够抓住你，唉，这个好听，但是就跟经常喝糖水是一样的，你一定在一个小时、两个小时之后，就会觉得这个声音太甜太腻，我基本上是坐不住、听不下去的，所以最终，其实最高的标准就是没有标准，就是一杯白开水，谁能够提供一个界面似的反射、白开水一样的音效，把原本应该呈现的东西正常地呈现出来，谁就是好的系统。

我自己当时做了一套音响，材料的成本花了十几万元，也依然找不到现场的感觉，这让人很遗憾。我玩设备不是为了玩设备本身，而很多发烧友就是为了玩设备，他们有一套设备，钟情于听摔玻璃、摔门、各种测试的声音，以及家里有限的几十张发烧碟，但是那样就背离了音响设备的本质。

设备是用来听音乐的，不是用来玩的，我一直想要摆脱这种想法，因为最后我发现自己开始换线，换脚钉，换很多从音响玄学意义上觉得有用的东西，可是收效甚微。所有的东西都在不断地误导我们脱离了对于音乐本身的热爱。

我把3000块钱的电源线换到20000块钱的过滤线的时候，确实声音干净了一些，可是这种效果是我设备原本80分，它给我提高到81分，可是成本多花了几倍。划不划算，值不值得为这个东西沉迷，这是我一直在思考的问题。

所以到后来，我就在找，有没有设备能准确表达音乐的美到底是什么。音乐的美有三个要素：第一个是情感要素，第二个是音乐的细节是不是都呈现在你面前，第三个是动态是不是够，从最轻微的小声吟唱，到大范围的全场起舞，这些过程是否能很好地表现出来。满足这三个要素，你基本就能体会到我在现场的感觉。难度蛮高的，我前后手工做了三十多套，基本没有一套令我满意的。

直到2007年在发烧论坛上逛，发现林克维茨花费毕生心血，用了38年做出来的一套系统——Pluto原型机向全球免费公开，谁都可以来玩、来做，只要你喜欢，我不收你任何费用，这太恐怖了。

我和孙海原老师，差不多用了九个多月，把零件搜集齐，又用了四个多月的时间把它拼出来。当时搭出来第一套，林老（林克维茨）的建议是所有材料都用最便宜的，我们当时听他的建议，用卫生间马桶的PVC管。我把功放搭在一个大板子上，做出来后把喇叭往管子上一放，我用一堆橡皮泥把它粘在上面，然后两个东西一开声，那天下午7点多钟，我跟孙海原坐在屋子里饭都没吃，5个小时，那个功率不太好，一直听到把它烧毁为止。我发现我再也不在乎高、中、低频在哪里，它就是完整的。用一个不恰当的比方就是，你听到的钢琴就是钢琴，小提琴就是小提琴，各种乐器原原本本地把味道传达出来，仿佛音响在你面前不存在。我们一首一首地听从前熟悉的东西，你发现你听到了很多从前忽视的细节。我就在想，这么一个完成度60%的产品，都能达到这个效果的话，我把它做成一个完美的东西该有多好。我们带着对未来产品的想象，开始折腾这件事。2007年到2013年11月份，一共做了9套，每一套都是我做出来听一个月左右，有朋友听了二话不说就搬走，"你自己再做一套，这个我拿走，太好听了"。

孙老师后来做出来寄给了林老一套，下一个月就在他的网站首页看到一行字："最近我突然发现在中国居然也有我的一帮粉丝，而且他们寄来的产品让我大吃一惊，我一直都认为退休后是为DIY爱好者服务，没想到你们把它变成艺术品，非常高兴我的名字和这件艺术品是连在一起的。"然后我们收到他手写的一封信，写道："我年纪已经很大了，我希望你们能帮我去把这件东西让更多人听到，我可以用授权费的方式让你的这件产品在全球商业化落地，你们是全球唯一一个将它商业化落地的团队，因为这件产品成型率已经很高了。"拿到这个后，我们每套给他600美元的授权费。有一个有意思的细节是，当这个产品售出300套的时候，老林又写给我们一封信，他说："看到你们的成绩我非常高兴，前段时间过81岁生日的时候，收到中国的用户粉丝每人一句话的视频——'林老爷子我爱你，因为你做出这么好的产品'，我特别感动。我们都有一个共同的梦想，是让更多人听到好声音，从今天开始，我把授权费改成1美元，象征性地收取，你要让它价格更低，让更多人听到。同时把我从2007年到现在所做的7项研究成果授权给你们。"所以接下来，除了这个，还有很多很多产品，都是林老亲手设计的。我们为什么会和林老有这样的认同？他发现你不是在做一件商业意义上的产品，而是跟他一起传递美好，传递好东西给大家。同时我们将产品落地以后，从用户角度做了很多改进，毕竟老先生还属于20世纪技术派主导方向，所以他的接线还是蛮复杂的，因为音响圈子是有鄙视链的，我懂接线你不懂，我懂前后级搭配你不懂，我懂音响怎么配出来好声音你不懂，所以你不值得享受好音乐。这是非常离谱和错误的，会把音乐局限在非常小的圈子里，但是听音乐是每个人的权利，你听过好音乐后，哪怕没有听懂，也会被它打动。我们需要做的一定是用最简单的方式，不要让大家纠结技术，你只管用就好了，就像苹果手机，你不用纠结怎么破解技术指标，使用流畅就是指标。所以我们在技术上做了重大改进，其实后面接线蛮复杂，有16根线，是我8年前做的电子分频功放。音箱有三个喇叭，各自发出各自的声音，音乐才是有层次感的。常规情况下，用几块小电容，我把声音分成32个频段，我一层层给你剥开，单独放大，哪一个声音适合哪个喇叭，单独推送，这是动态的过程，会让声音听起来层次非常丰富。但是当时出声音要十几根线的，如果插错，要不烧喇叭，要不烧功放，很多早期用户会给我打电话，让我晚上去他们家吃饭，我说你肯定搬音响了吧，他说线掉了。我就想，不应该出现这种现象，我要让它变成一件足够简单的事情，目前我们三件连在一个整体设备上，只需要一根电源线，小孩子都会插，不分左右上下，只要插进去就是对的。我把所有线集合在一起，这件事不是不能做，专业音响市场大家一直是这么做的，只是发烧音响界觉得你连线都不会玩还玩什么，不肯放下身段，大家会觉得这是革命。其实哪有什么革命，我们只是小小地做了一点创新而已。第二个是我要让大家用起来更方便，你不用考虑有那么多音源要连接，接下来我从云端给你找好东西，你要听什么，什么值得听，用什么听。音乐就这么简单，我每天给大家推荐，百度音乐、酷狗音乐、腾讯音乐、网易云音乐有上百万首歌，对我们来说缺少一个信息筛选者，我们帮你找出音乐背后的人和故事，这首曲子的爱恨情仇有哪些，为什么值得听。

而喜马拉雅FM上有上亿条内容，每天不停产生。我从来不觉得音响只是用来听音乐的，声音是个大的概念，比如做家务打扫卫生，或者做饭，而你想象一下，电视机旁边的装饰，也许是个书柜、床头灯，都能发出好听的声音，并且我想听什么语音，告诉它就行，是不是一件很好玩的事？碎片化阅读是个负担很重的事情，而获取信息（娱乐、音乐、相声、充电学习）不应该这么复杂，基于这个层面还有谁能合作呢？所以我选择了喜马拉雅FM。

安生：你是怎么构建自己的差异化，或者我们通俗来讲，就是商业的护城河？

李海波：这个金字塔底层是产品，中间是如何让用户觉得你有价值，顶层是价值观。我不是卖商品给你，我是在帮你打开一扇门，原来生活里有太多值得珍惜的东西。

人过了40岁就会发现，没有谁能理解你，即使你的家人、最好的朋友，你也有些隐秘的角落，有一些东西是不可与任何人道的，而那个时候能够抚慰你的只有音乐，并且是没有词的音乐。带词的音乐约束了我们的想象力，它帮我们树立的就是这首音乐只能表现这种东西，只能是这个词、这个方向，而真正的古典音乐，每次听都会有不同的感受。而我的产品能触到人们内心最柔软的地方。

像我的话，不管是高兴还是难过，最爱听的是《茶花女》，四个部分有不同的情感起伏，听的过程中在映照我自己的内心，或者给我安慰，或者给我力量。我有一个在深圳的朋友，每次感到有压力的时候会听《费加罗的婚礼》，每个人听完所感受到的画面不一样，有人看到罗马的宫殿，有人看到乡间的小路，音乐只与自己有关，你听的是自己的内心。

当我把价值观传递给用户的时候，就形成了别人根本无法超越的壁垒，我的护城河就建立起来了。我们是有人格化、有内容出口的产品。你要去思考产品和用户的关系，以及它们背后的逻辑。

当时我们有好几个用户群，有人往群里扔张照片，别人问这是什么，他们说这是海波新做的播放器，第一天有人打"＋1我要一个"，第二天有人问，这么热闹，我也要一个！全都不知道是什么东西的情况下，大家认为，只要是海波做的，一定是好东西。

大家认同的你不是一个商人，而是生活中帮他发现美的人。这样的角色就建立起来和商业之间的逻辑。

安生：那你怎么理解消费升级？

李海波：消费升级的今天，中国人有买好东西的需求，可是他们找不到。而很多人在讲，消费升级，要么是美学升级，要么是品质升级，其实我们认为更高一层则是生活方式与价值观的升级。这点可以从一个数据看出来，2016年6月6日，喜马拉雅FM开启付费的时候，销量最高的是马东的"好好说话"、湖畔大学的商学院这些实用主义的东西,而从今年我们非常开心地看到"蒙曼品最美唐诗""顾爷说画""啃老师醉话威士忌",竟是这些看起来没啥用的东西,全部爬到了销量榜的前面,远远超过了实用主义的节目。当人们开始追寻自己内心有关生活美学的东西,当这些精神层面的东西往前走的时候,会大大增加你对社会的信心。

安生:你当时做海趣科技的时候走过哪些弯路?

李海波:我当时认识很多设计师非常牛,我就想,有没有可能帮他们把想法变成现实,把设计师和普通人的创意变成产品,打通设计师、工厂、销售渠道的闭环。

后来我在中欧商学院讲过一门课,叫"败局",全是用钱买的教训。比如过度需求,不够专注,闭门造车想出来的需求,被替代的成本非常低,还有销售时间不是很好等等。

两点教训吧。第一个是我当时做了一件过于重的事情,当时市场还没有这样的需求,过于轻视中国山寨的力量,比如武士刀雨伞,出现工厂抢注生产,大家在恶性竞争的市场中做事,他会把你拉进泥潭,这事就没法做了。做雨伞,我卖238元一把,是有尊重设计师的成分在里面,结果淘宝上20块钱一把,利润压到我不挣钱你也别挣钱,直接到把这事做死了的地步。很多厂子就是抱着这个思路,打官司也没用，胜诉了又怎么样呢？换一个淘宝店继续卖，换一个地方继续开工厂。你根本伤害不了他，这就是国内令人蛮头大的地方。

另外一个就是意淫出来的需求。我当时做过一个羊毛灯，还有双头图钉、多功能军刀，这些都是获过红点大奖的，但是多功能就是没功能，你陷入自我满足的过程中，而放到市场上，消费者根本不认。

还好转身快，没有太大的损失，企业总要有沉没成本。

商业在于天时、地利、人和都要全，你在不恰当的时间做了事，一定会成为"先烈"，拍死在浪头上。没有什么是随随便便就能成的。

安生：现在创业者这些玩法你怎么看？

李海波：绝大多数会把自己玩掉。很多朋友两年下来，90%的项目都死掉了。很多互联网公司，找这个拼，找那个凑，你没有"护城河"，别人也能做。

现在我就能很容易判断一个项目会不会成。会判断创始人是用情感做事，用模式做事，还是做生意，格局层次是不一样的。由衷做事的人你都想帮助他，你会被他感染。其实不能怪投资人，他们也蛮傻的，花的不是自己的钱，扎点布局，赚不赚钱回头再说，看得透彻的人少。创业者队伍鱼龙混杂，还有很多骗子。投资人有些人是真想投事业的，有些人单纯想赚点钱，有些人是自己也不知道好不好，跟风投，你投啥我投啥。

安生：文艺青年转身成为商人会不会有道德洁癖？

李海波：哪有什么道德洁癖，我不排斥赚钱啊。赚钱是这个世界唯一的本质，商业是最公平的事情，比我从前写东西、在体制内受限制舒服多了。因为所有标准只有一个，你有没有把产品做好，你做好别人才会买单，别人是用钱来认同你的，这个是世界上最难最难的事情。你都能把它做出来还怕什么呢？从商业竞争的层面上说，太公平了，现在环境也好多了，没有乱七八糟的事情，这是凭实力说话的年代，各个层级的关系建构得足够好，东西做得足够好，同时把积累那么多年表达的方式表达好，就可以成功。不靠关系，不靠背景，这多公平。别人给钱，你给他精神。

安生：反正钱是衡量价值的标准。

李海波：是基础标准，人家肯为你花钱，说明他认同你。

安生：感觉那些大的事情都被你们占领了，我们小辈都没有机会了。

李海波：机会太多了。新鲜的技术未来都会"革掉我们的命"。我经常想，将来有个纸片随便贴一下就能传递声波，还用音箱干吗？

我自己是个摄影发烧友吧，我的所有设备现在都只能放在这里了，因为它们被这个时代淘汰掉了，胶卷都买不到了。我只拍黑色的照片，我楼上还有套洗照片的钢盆，都是我花好几千块钱订来的，那个钢盆就是照片放在这边，水能从另一边冲过来，药液都带走，可是又有什么意义呢？数字化时代瞬间就把老的东西淘汰了，我相信在未来一定也会有更多东西被淘汰的。

有哪些是不能被智能化改变的呢？就是"没用"的东西。我有对事情的认知理解、判断，有对美好事物的描述，这是机器学不会的。技术再发达，也不会像我一样做出有情感、有温度的东西，科学能做的事都能被替代，人力能做的事可以被替代，但是思想所做的事情无法被替代。所以你让自己成为思想的一分子就够了。

安生：你认为自己的性格是受到父亲的影响吗？

李海波：至今我们兄弟姐妹都觉得，我父亲不应该是那个年代的，一个出生在甘肃农村的小农民，他可能是从现代穿越回去的。他那个时候挨家挨户去问有什么东西要修的吗？其实是为了满足自己想要学东西的目的。有一段时间他突然迷上无线电，想要修所有东西，但是农村基本没什么电器，除了手电筒。后来别人觉得，你爸会修电视机，那你也会修咯。我爸不在的时候他们就会把我拉过去修。可其实我不会修啊，我就装模作样地开始修，农村电视机坏了，大多是因为灰太多，我就拿打气筒一顿吹，然后就好了。人家就会传言，说李家那几个小子不得了，什么都会修。当然也有修不好的时候，我就说，哎呀坏得太厉害了，回头让我爸来修吧。

我们保留了太多"不务正业"的爱好，不希望现状就是现状，不惧怕任何变化，只要有变化的可能性，就会勇敢地拥抱变化。变化接下来是怎样你不知道，那就充满各种可能性，有的会一败涂地，有的会做成，所以我就是贼大胆，还不知道怎么样呢，只是别人一个承诺，就敢往前冲，往里跳，敢去扔很多钱做这件事。别人随口说的一句话，明天就把它变成真的，因为自己信这种东西啊。

我过去遇到的领导也都比较宽容，都在用各种方式去帮助一个"不守规矩"的人，将来会怎样，他们也不知道，但是他允许你去折腾，并保证在他的职权范围内不让你吃亏就是了。但是这些对我来说都是大收获，让我去拥有不一样的人生经历。比如当时去青藏铁路，我会跟所有人聊，你为什么会来这里，一个月就拿1000多块钱在这么苦的地方，回去心脏还会受伤，因为在高原一待就是两年，图啥呢？他们说，图这条铁路是在我的手底下建成的。一辈子总要给孩子说："看那东西是老爹做的！"有种自豪感，他的这些付出就值得。为了收集气象数据，这些人要爬好几次雪山，差点没了命，在高原冻土带火车经过的时候，要把这段气候变化和在最残酷情况下的数据记录下来，那个数据在海拔6300米的地方，牦牛都上不去，人要每天上去两次。在那里九年半时间，从国家打算修这条路开始，一直到开修，每天收集这个数据。像陈应富那个小伙子，给他写的文章名叫《高原上的骆驼刺》，他就像干巴巴的骆驼刺，话也不多，很土的一个人，一个月才800多块钱，把自己半辈子都放在上面，因为他老爹死在那上面，他也接班干这个事。他说我觉得挺好的啊，我是一个中专生，我没什么文化，我能把这个事情做好，画好这个曲线，能让铁路修到这的时候不出事，我就是一个伟大的人。他们每个人都认为自己是个伟大的人，我在做一件很伟大的事，虽然没有人知道。

还有当时跟着修墨脱铁路那批人，那篇文章叫《画一条铁路到墨脱》，我跟着武汉勘测设计院走了47天，墨脱连公路都不通，从85k开始步行，一般旅游的人步行走四天四夜，全是雪山，可是这些人是去修路的，他们要探索各种可能性，他们以85k那个村为辐射，走400多公里的山路，一条条地走，有的地方是冰湖，过冰湖的唯一办法就是走过去，走过去赶紧把自己烤干，蛮苦的。最惨的是那条路修完第三天就塌方了，用了两年半时间辛辛苦苦终于把路修通了，就塌了。因为墨脱是世界地质博物馆，平均有71种地质灾害每天都在发生，那个地方没有办法修路，可是有军事意义，如果没有一条路通过去，什么给养都送不过去，所以必须要修。到现在都是，塌了挖，挖了塌，哪怕只通两天也要挖。

我去找这些坚持的普通人，去写他们的故事，如果不是我当时给马华写那篇文章，出了诗集，做了两次话剧，马华这个人都不会出现什么印记。这个人就是完美地贯彻我的想法，《体验者马华》。

安生：这种坚持在这个时代很稀缺。

李海波：可这不应该是常识吗？每个人都这么想不就对了吗？人以群分吧。我身边都是这样的人，比如肖洋，几十年来就是想拍电影，在央视打工的时候累得半死也没什么钱，可是做这件事能学到东西呀，能学到怎么拍东西呀，他就愿意干。比如曾海若，拍《第三极》《我的抗战》，拍《藏地》。我昨天给他买了套3D音响设备，他今天早上又去西藏了，没什么原因，就是喜欢这个东西，拍纪录片比他以前当导演赚得少多了，我周围都是这样的人，你自然就是这样的人，我们在互相影响。比如卢恒，现在在瑞士做自由摄影师，他就愿意用照片记录这个世界，不挣钱都行。

安生：你反而是这些人当中最会赚钱的，跳进这个浑水搅不清楚的创业圈，脱离了他们那些高尚的追求理想的境界。

李海波：他们比我都要高尚，但他们商业上做的也不算失败。总有一些要坚持的，比如我们现在小组记录历史，哪些是抗日战争留下的，能不能拾遗补缺，把历史缺掉的环节，用自己的力量补上。比如曾海若做的，把抗战老兵的影像资料汇集起来，已经拍了两万多分钟的素材了。我们做得更多的是数据记录。口述史、文案，做一些将来人们看得到，了解原来那段历史不是书上写的那个样子。

安生：那你怎么教育自己的儿子？会不会用曾经父亲的办法？

李海波：有人说穷养儿子富养女，其实男孩子更不应该穷养，你要提高他的眼光，不在物质上匮乏，他就不会稀罕那些东西，在他眼里就是有没有都无所谓，他就会把精力放在他想要追求的东西上，他要知道什么是好的东西。没有稀缺感。

安生：你怎么看待几次人生转折遇到的贵人？

李海波：遇到贵人，首先自己具备让人家值得交往的素质。不装，真实善良，能给人带来趣味，起码我好玩吧，刚开始工资不多的时候，我不在乎请客吃饭，我才花那么点钱让你们欠我一个人情，将来你会记得我的。当时《中国青年》给我分配的宿舍，地下室大家都不住，我就收过来，只要你是西安交大的学生，报上名来，最多可以在这儿住6个月，成为现在很多牛人在北京的第一站，这些人都是我的朋友，因为他们都记得最艰难的时候是跟我一起喝啤酒撸串过来的。

第 7 章

创业就是追随自己的内心

——"疯子"苏莜

至今，我遇到的每一位传奇人物，在初次见面的时候，都未给我惊世骇俗的印象。

苏芮也是其中一个。

第一次见他，还是我住在you+的时候，有一天在走廊里，我听见有一间屋子里特别热闹，房门开着，蛋蛋说是you+的合伙人苏芮在和创业者聊天，我们一块进去听听。于是you+狭小的空间里，又挤进来两个胖子。

当时苏芮一身运动服，穿着凉拖，翘着二郎腿，整个人凹陷在沙发里，像是"葛优躺"，但他说话中气十足，音色浑厚，自带扩音器的效果，一副北京老炮儿的劲儿。他肤色很白，大背头，眯缝着一双小眼睛，近看让人想到福娃，远看像《铁臂阿童木》里面的茶水博士，不过是缩小版的，苏芮块头没有那么大。

从他口音听起来像是个老北京，颇有老北京那股热心肠儿和真性情，席间，他会带领大家相互介绍认识，还热情向我们引荐各路优秀的创业者，"这个人是做××的，这两位是蛋解创业的主播，你们可以聊聊"。后来他窝在沙发里，讲自己一时兴起弄了家潮汕牛肉火锅，我听了一会儿，有点不以为然，开始低头玩起衣服上的线头。

当时我根本不知道眼前坐着的这个看起来像福娃的中年男人，在创业圈是多么举足轻重的一个人，我也从来没有想过，日后会亲眼见证并参与他其中一个项目，彼此成为惺惺相惜的朋友。

随后的一段时间我们没有任何交集，直到2018年3月22日，基本早已关闭朋友圈的我，鬼使神差地点开了朋友圈，竟发现朋友圈已经炸了。

苏菂在朋友圈中写道："我打算把我在车库咖啡的股份全部捐给协会，三年前离开车库咖啡是因为我无法说服全部股东坚持纯粹的公益。三年后车库咖啡商业模式做得还可以。目前各个分公司估值都在一个多亿，但把核心精神的东西弄丢了，这么去短视地逐利是不可能汇聚创业精神的。好多老车库铁粉都不再愿意回到车库，只有用极客的精神才能做出极客热爱的地方。这些股份也不算太值钱，1个亿多点吧，不玩了其实很开心，因为正是这事让我找到了百倍于车库曾经精神的模式和方向，思考了三年，all in 做！"

随后他又更新了下一步动向：要以完全NGO（非政府组织）的

形式去做创业博物馆，做到纯粹追求精神极致，成为最好的创业者聚集地。

隔着屏幕的我仿佛被电击了一般，心里有一个声音告诉我，我必须要去见见这个人。

然而这一次见面，就让我在他身边潜伏了一个多月，刚开始还只是为了采访、记录、写他的故事，后来越发被他的纯粹和热情所打动，也渐渐觉得我骨子里和他很像，我们都是随心所欲，不愿受束缚的人，苏茵一时兴起会在个人微信号里给粉丝朗读《再别康桥》，而我也是，高兴了就在海边给我的粉丝唱《明月几时有》；我们都对物质没有过分要求，任何一点儿小东西都能带给我们幸福和满足感；同时我们都明白自己生而为人的使命是奉献、是帮助更多人，我们都讨厌因为追求短利而变得很短视，而我们都渴望在精神上有更自由的追求。

所以，你会在文章结尾处，看到我和苏茵的灵魂对话，这些对话记录于平日生活中，像是孔子的学生带着好奇去求问自己的老师，而老师基于自己的人生经历做出一番解答，有的地方也像是一个人内心深处的自问自答，偶尔走到人生的十字路口或者犄角旮旯里彷徨犹豫、不知所措时，你会对自己产生怀疑，内心迫切希望有一个声音告诉你应该怎么做。同时，在这番对话中，苏茵也讲述了自己做这家博物馆的初心和动机。

车库咖啡与创业浪潮

不过在这之前，我还是想先讲一讲苏菂和车库咖啡的故事。

在创办车库咖啡之前，苏菂也算是一位成功人士了。凭借着自身的努力和广结善缘的性情，他年仅31岁就成为纳斯达克上市公司蓝汛的投资总监。在这之前，他是服务于"8848"这个中国电子商务平台的骨干，一直想做一家上市公司的贡献者，却未能如愿，后来懵懵懂懂地加入了蓝汛这家创业公司，陪伴了它五年时间，实现了人生中辅佐一家公司上市的心愿。

2010年10月1日，蓝汛通信在纳斯达克敲钟，当时公司上市时，整个公司全年销售额是2.8个亿，然而苏菂带着一个两三个人的团队，却占整个100人销售团队业绩的四分之一。他当年服务的客户就有58同城、开心网、酷6、六间房、新浪这些著名的互联网公司。

连续几年top sales的业绩之后，苏菂渐渐觉得毫无挑战，便和公司CEO一拍即合，成立了战略投资处，转型做战略投资，切换另外一个角度对创业团队进行观察。他开始开着车，满四九城地跑，看到很多创业团队在初期根本租不到或者租不起办公室，便选择在民居或者咖啡厅甚至成本更低的地方办公。这让他联想到之前公司组织的一场"美国行"活动，在硅谷考察了许多优秀的科技企业，当时给他一个重要的讯号：美国的创业者和投资者太密集了，双方从约好时间到见面再到项目谈成，效率非常高，不像在北京，跨越整个北京城，从通州到中关村见一面就是真爱了。

因此他从 2010 年 6 月份开始组织这个事，从筹资到找地方再到装修大概用了半年时间。当初他选择在海淀图书城开第一家车库咖啡也是阴差阳错，之前找的地方不是太贵就是不临街，突然有一天猛然发现在海淀图书城新地宾馆 2 楼有 800 平方米的地方，价格也合适，便签了合同。苏菂回忆当时做车库，自己抠门到了一块钱恨不得掰八瓣花，800 平方米的咖啡厅装修只花了 14 万元，墙面抹一层腻子，做了一个吧台，连刷漆都免了，最大一笔开销是一台 2.2 万元的咖啡机。

好在终于开业了，苏菂利用新浪微博，宣传自己想做的事和自己的理念，然后每天坚持在车库咖啡坐镇，讲自己的想法和故事。当时的海淀图书城可谓是荒凉至极，受到电商销售和电子阅读的冲击，图书按斤卖都没有人要，书店门口天天放着大喇叭宣传，乐器行也在清仓大甩卖，整条街非常萧条，门可罗雀。

一周之后，车库咖啡门口突然出现了一个人，把苏菂激动坏了，因为好几天没见到"活人"了，就像在沙漠突然看见绿洲一样。苏菂赶快扑上去给对方开门，还特别激动地招呼对方："嘿，哥们儿干吗呢？进来聊聊啊！"

就这样，二楼的车库咖啡渐渐有人慕名而来，每来一个人苏菂就冲上去跟对方狂聊，有的时候人多了，苏菂就会在心里给他们编上颜色号码：红色1号、蓝色2号……用心记住每个人的需要，慢慢就会发现今天聊的第五个人，跟昨天聊的第二个人在业务上有合作的可能，然后就整合大家需要的资源。他几乎不把咖啡馆盈利作为首要目标，鼓励大家一杯25块钱的咖啡可以坐一天，还有免费的柠檬水喝，后来又推出24小时营业，为创业者通宵讨论提供场所。

他自己也没有想到，自己的疯狂之举，竟会催化出奇妙的化学反应，在车库咖啡的常驻团队越来越多，有的人获得关注，得到投资了，有的人不会写程序意外在这里找到了志同道合的技术合伙人，有的人本来要找工作，但在车库跟大家相处很开心，竟然留下来给创业公司免费设计logo……苏菂着迷于发生在车库咖啡的创业故事。"这些人创业并不全是为了钱，更多是为了实现理想。一群有理想的人聚在一起进行思想碰撞，有意思的事情每天都在发生。"

慢慢开始有媒体来找苏菂聊天了，其中最有名的是《华盛顿邮报》，当时苏菂问记者："美国有没有类似的地方，我想学学。"然后记者告诉他："你的做法很美国人，不过我们那边还没有像你这么做的人。"

记者回去便写了一篇文章，这篇文章一经发表便在国际社会，甚至在国内政府层面引起了巨大的反响，车库咖啡声名鹊起，不到半年时间，开始人满为患。还有许多媒体闻讯前来拜访。

2014年，海淀图书城变身成为中关村创业大街，一条全长仅有220米的街区，汇集了国内外优秀的创业服务机构，高校、创新型企业、风险投资机构等创新业态，成为创业者文化圣地和精神家园。

苏菂讲，在大街上流传着许多传奇的故事，比如一个叫沈孟德的创业者，来北京创业为了省钱，就住在洗浴中心，直到把洗浴中心住挂了，他还在坚持创业。当时他充了一张最贵的卡，算上优惠折扣，和60多块钱一天，早餐午餐都是自助，中午玩命吃，晚上就可以省一顿，然后睡在洗浴大厅的沙发，一住就是一年半，这种精神一般人坚持不下来。后来险峰资本给苏菂打电话做尽调，苏菂说："能住一年半澡堂子，对自己这么狠的，我没见过几个。能坚持这么久的人，估计也不会辜负你。"苏菂把这些故事跟对方一讲，对方直接就投了。

在创业大街上，"车库咖啡"成为了一面精神旗帜，一个创业文化符号。我接触过的很多早期从车库咖啡走出来的创业者，都会特别自豪地跟我说："车库是创业者的乌托邦，是一个特别有创业氛围的地方，一个聊任何创业话题都能得到尊重的地方，一个包容开放、鼓励交流合作的地方。"

据不完全统计，苏菂那些年在创业大街至少对接过800家创业团队，他还一度自掏腰包，"撒币"给创业者，不要股份不要回报，单纯乐善好施，给一些创业者10万元、20万元的创业经费，而比特币圈流传最广的一个段子是，车库咖啡很早就可以使用比特币支付，在一个比特币价值几百元的时候，有人拿一个比特币在车库咖啡买了一块比萨饼。

当时蛋蛋和他的高中同学大海，也是骑着摩托车满北京城转悠，最后走投无路来到创业大街，先是在车库咖啡办公，凑合了一阵子后，才在大街上有了自己的录音棚。我们都怀念创业大街最纯粹的样子，那个时候，大街还会经常举行 open mic，各家咖啡馆也有不同的活动和开放日，只要你有想法，就可以站在舞台中央，分享你的创意点子，所有人都可以坦诚地交流，进行思维的碰撞。

说实话，我在人群面前演讲可以收放自如的本事就是在 open mic 这样的场合中练出来的，那时候，我根本不用害怕别人嘲笑，也不会一紧张声音就颤抖，更不用担心别人会瞧不起我的想法，因为你能从台下人眼神中看见信任，而且那股信任的力量也在激励着我可以做得更好，所以当苏菂提出他要退出车库咖啡，全力以赴去做创业者博物馆的时候，我相信，这股精神的感召和力量一定会帮助更多草根创业者实现他们的梦想。

追求精神极致的地方

　　关于这家博物馆，主要由三个部分组成。第一个部分是中关村发展史，把过去三十年间中关村的发展变化，对社会进步有过贡献的和很多被人们遗忘的科技先驱者都刻在青石板上，比如曾经的IT168、8848、瀛海威、UCDOS等，告诉世人，当时做过的事不会被人们遗忘，并以中关村发展的历程激励后来者要奋发努力，砥砺前行，不忘前辈做过的贡献。

　　第二部分是时代科技产物，比如黑白电视机、Apple II、软盘、声卡、汉卡等，虽然这些物品已经退出现代科技的舞台，但是这些科技产品都曾经辉煌过，也见证过一个时代的风起云涌，正是因为有了它们，才有了不断向前改进的新产品。

　　第三部分是收集打动世人的创业者故事，刻在青石板上，无论成败、无论事业大小，这股不服输、不怕输、敢于担当和挑战的创业者精神是值得传承和铭记的。大部分创业者其实都无法获得世俗意义上的成功，相反他们很多人都失败了，无名无利，在贫困线上挣扎，更糟糕的是，未必能获得其他人的尊重。可是他们的失败却为其他创业者提供了可以借鉴的经验和知识，用自己承担的风险和做出的贡献为整个社会的发展贡献了一点点微不足道的力量。在这个过于功利和浮躁的社会，人们忘记了相信的力量，人们不再相信任何可能性，害怕冒险和承担责任，因此希望这些创业者的故事能唤醒人们心中渴望改变的精神和力量。多嘴一句，这部分故事我也有参与收集，如果你觉得自己的创业故事能打动更多人，安生的小酒馆随时欢迎你来讲述自己的传奇故事。

这家博物馆中还会有许多构思精巧的设计，比如刘备、关羽、张飞的人物雕塑，模仿桃园三结义的场景，创业团队可以在这里结拜、拍照，日后合伙人之间出现问题，可以拿出照片提醒自己不忘初心。

许多创业者在创业过程中会遇到瓶颈，被事务缠身无法冷静清醒地思考，于是可以来到博物馆的闭关达摩洞静心思考，关照你的内心，收获豁然开朗。

短短一个月时间，我亲眼见证了这家博物馆诞生的全部过程，我见到了苏莳是怎么和中关村人才协会沟通以NGO的形式去做这家博物馆，他是怎么和设计团队沟通他对博物馆建设的想法，以及是怎么撬动社会资源去帮助他实现这个想法。单纯靠情怀和理想是无法推动一个人去做这么伟大且有意义的事情，在他身上，我看到更多的是一种叫做使命感的东西。

和苏莳接触，他给我最深的印象是，他做人像皮筋，平常给人呈现的是一种松懈懒散的状态，做很多事情是以是否好玩或者这个事值不值得做为评判标准，反而不会因为利益的分配或者人员之间的调整对这件事情本身或者他个人造成伤害。他每次想要全新投入一件事情的时候，都会和之前的事情"断舍离"得干干净净，所有的股份利益都可以统统不要，而皮筋的使命就是即使断开了也会保持它的弹性和坚韧，继续发挥它的作用和价值。这既是他经过这么多年的历练，修炼出的一种自我防御机制，也是他追随内心，所做之事流芳百世的做事准则。

我相信，随着人们在物质生活上得到一定满足之后，会有更多像苏芮一样追随内心、奉献社会的人涌现出来，让我们共同见证这个创业者人格精神逐步完善的过程。

对话

谈创业的意义

安生：你觉得创业什么时候是个头？因为一旦开始了，你的欲望、你的责任就会越来越大？

苏芮：创业像是爬山，有的人可能爬到五百米，什么也没发现他就下去了，有的人爬到一千米也无所得，他也下去了。而对于成功登顶的一些创业者，他在一千米的时候，他也可能表现出爬不动的状态，但是他会想，怎么能跨过一千米那个坎呢，怎么才能达到三千米，哪怕再掉下来？他不一定是要达到顶峰，而在这个过程中，他会明白他要追逐的东西到底是什么。

并不是每个创业者都能成功，但是每个参与到创业中的人会思考自己人生究竟想要的是什么，不再一味听从别人的意见，这本身就是一种成功。当然，可能有一部分人会"赌"上身家来创业，但人有选择自己生活的自由，我们很难去评断谁对谁错，反之需要包容这种现象的产生。换个角度看，创业潮总比公务员潮对社会更有推动力。

安生：可是我有时候又会困惑，坚持和执着这个度，区分在哪儿？因为不得不说我原来在车库咖啡见过几个人，也算半熟不熟的朋友，就是你几乎每次见到他的时候，他都会说："我可能马上就融到钱了，不过我最近又换了一个项目。"

苏䓍：这个目标不一样，工作的重点也就不一样。

安生：但我总觉得有些人是为了创业而创业，创业好像已经成为一种执念和逃避打工的借口。

苏䓍：这种做法不会让我们佩服，目标定得太低了。创业，起码爬到三千米以上才是我们的目标。以融资为创业目的，融到资也很难的。很多创业者没钱，砸锅卖铁也要干的事，这叫精神。

安生：可能也有一些人在中途转换了方向。

苏䓍：那没问题啊，他追随他自己的内心啊。并不是所有人的内心都一定能找到最适合自己的方向，但是他敢于去换，我觉得也是很厉害的事。不一定说他坚持就一定能成功的，对吧，他换也不一定能成功，这都是自我选择，每个人的意识的自我选择，我们无法去评价他成功与失败。他只要一直在路上就 OK 了。

比如换方向，有的人卖水壶一年卖好几千万元，他也愿意换方向，为什么？他觉得这样的钱让他挣得不爽，这也是一种勇气啊。我觉得这种精神层面的东西是最打动人的东西。

其实什么是梦？我觉得中国梦也好，创业梦也好，就是无论是不是创业，都会追逐你心里真正想要的东西。像我有一个朋友，现在在开客栈——放弃北京的高薪去大理开客栈去了。4个人，一年赚的钱怎么算，也没他打工赚得多。但是他就喜欢这样的生活方式，我觉得这样也很厉害，不一定是赚钱多才会有精神方面地鼓舞，对吧。

安生：听懂自己内心的声音，然后以自己喜欢的方式去生活、去做事情就好了。

苏芮：对，其实你看中国这些年的变化很有意思。你出生那一年还没有人徒步中国，没有人骑行中国。

我2000年在上大学的时候参加马拉松比赛，那次马拉松是抓大学生去充数的，等我2010年再去参加北京马拉松，那会儿已经很难报上名了。为什么这些年有这么多人去骑行？有这么多人去徒步？有这么多人去爬珠穆朗玛峰？为什么是这样？

就是物质富足之后，人们在追求精神层面的东西。

安生：现在鼓励年轻人创业的，如果说不为了钱，只为了理想的话。就是他还没有入过世，还没有挣过钱，就去鼓励他淡泊名利，鼓励他出世，满脑子想的都是家国情怀，是不是有点虚伪或者有点拧巴？

苏芮： 我觉得应该鼓励他们成就小公司，不是大公司。有一百个小公司存在，10个人这种小公司，而不是说要去鼓励500人大公司出现。只要有基础，出现是早晚的事，让每个人都找到不同的社会定位。创业这件事也是这样，我觉得开一家小卖部也挺好啊，方便附近居民，为什么不行啊。就是你要找到自己适合的位置，不一定非要创业，这是最关键的。

包括大学生创业这件事，我觉得大学生创业与否，你再怎么鼓励，增加1%的大学生创业者是不得了的。全中国大学生人数，增加1%你想想是多少人？因为有些人你再怎么鼓励，他也不会创业，这是人的性格和命运决定的。

那么这样的话，大学生最重要的工作，就是接触社会。像你这样就很好。我大学的时候打了三份工，大学一毕业我就知道我是能做销售的人，我就锁定了未来要做销售。当然，我要是不接触这三年社会，到社会上我再去抉择，就会很迷茫很被动。其实很多大学生毕业时都是迷茫的，都不知道自己毕业的时候到底要干吗。这是痛苦的，就别提创业了。

接触过社会，他就知道他毕业的时候能不能创业，他就知道适合什么样的工作。很多没有准备好的人，通过尝试，知道自己几斤几两，失败了又如何。我觉得与其鼓励创业，其实更多的应该是鼓励人找到自己合适的定位，就OK了。

安生： 那你怎么看待这种做小生意，小买卖和创业的区别啊？

苏芮： 我觉得都挺好的，起码是自己奋斗的过程。我原来认识一个哥们儿，从IBM出来的销售，后来就在大中旁边开了一个饭馆，特小的一个饭馆，每天晚上拿扇子轰苍蝇，在路边卖花生、毛豆、啤酒。那你能想象吗？人家就换了一种生活方式，我觉得只要喜欢就去做了，对不对？小生意我觉得也挺好的，起码比不劳而获甚至叫坐吃山空强，比啃老强，那也是需要有勇气的啊。

小生意也能做大，你看夏新（焦耳外卖）卖盒饭都资产过5亿元了。用心就行，热爱就行。

其实这就是思想的边界，我跟你讲，学习能力是人一生最重要的能力，你想如果你身边天天有一百个朋友都是你小饭馆、小卖部的朋友，你说会不会激励这个小饭馆老板去思考大生意？就是他没有榜样和标杆。很多小老板是生活在他那个世界，那个圈层里面，你要帮他打开这个世界。

比如这附近有一个菜，咱们都特别喜欢吃，那公司有100人的时候，能不能邀请他来给公司做饭。那对于他来讲，就无形地帮他打开了边界，其实这样的机会是需要不断地碰撞的。

安生：因为有一段时间创业圈特浮躁，我从那时起就一直在思考，这个创业和做生意之间的区别到底是什么？后来我想明白了，我不知道这个对不对啊？两者都是把经济效益看作很重要的一个标准。但是我觉得创业可能是"义"字当先，然后做生意是"利"字当先。

苏萌：其实这两个我觉得怎么说呢，我觉得你这种判断也有一定的道理，但是不完全对。就是创业和做生意我觉得其实是一回事儿，都把它当作做生意。但是有的人呢，做的生意还是更追求内心的东西，这个人的发心是什么。比如像夏新，他的发心就更大一点，他不在乎一盒饭、两盒饭赚多少钱，他的目标就是要做大，他以这个为目标。

把事做大为标准，其实钱自然而然就出现了。有的人一上来就只看钱，老实讲，人和人是分眼界高和低的。

你可能一上来就看1亿元的天花板，有的人一着眼就是10亿元的天花板。那你说马化腾开始创业的时候，腾讯也不是那么大的天花板。他也是不断地提高自己眼界的，你说他现在是创业还是做生意，那他现在绝对是生意，当初的话，按你的理解那绝对是创业。他都不知道从哪儿赢利。我觉得就是兴趣和热爱吧。

兴趣和热爱最重要，你管它用什么方式实现呢。他就是想去趟南

极，他走着去也是，他一路上全搭车也是方式，不同的人选择不同的
路径而已。

安生：那你会不会觉得人和人之间本身存在能力、格局以及视野
的区别？

苏䒩：肯定有，因为看到的东西不一样，产生的思维方式肯定就
不一样了。所以以后这个创业俱乐部组织的活动就是开阔眼界，我觉
得创业者最重要的就是开阔眼界。

安生：对于草根，他们能够成功或者说能够崛起的概率……

苏䒩：非常多，概率永远是一样的，精英和草根都是一样的，我
跟你讲，精英可能高零点几个百分点，但都不一定。还是取决于这些
人的热爱。我现在见过多少都是草根起来了，真是一穷二白的，根本
不是精英，离精英差太多了。他只要发自内心地热爱，你都会被他感
染。

谈做创业博物馆的起因与动机

苏䒩：我是在三年前，美国国务院邀请一些中国的企业家、创业
者来了解美国，当时给我们一张信用卡，里面有2000美金，这三周

吃饭就从这里出就行了。

2000美金你算，21天，一天100美金吃饭的钱，已经挺奢侈了，一顿饭20多美金其实很好了。所有住和行程他们全安排好，每天至少安排五件事。比如说去最大的民间银行拜访，去参观美国的众议院、白宫。它的目的就是让你天南海北地游览，了解美国。

然后邀请我们去最好的数学家家里去做客，那个数学家给我们做美式烤鸡。还有好多当地志愿者，他们愿意接待这种各国来的客人，有一次是一个黑人警察接待我们几个去他们家，他给我们做沙拉，还让我们玩他的手枪。

有一个给我印象特别深的，有一个小型的组织，为中小企业服务的组织。它在全美51个洲各有一个点，每个点都有将近十几个人的成员，甚至更多。总部在华盛顿，一共52个点。总部那个点汇聚51个点的所有的信息资源，总部的老大就直接向奥巴马汇报，你想他级别多高啊。其实它做这样的事情有一定的政府导向。

那奥巴马为什么这么重视这个事呢？美国就是对中小企业非常重视，我们去北卡罗来纳州的时候，碰到那里的民间招商办，它不属于美国政府，招商引资都是在民间的一个组织里负责。负责人就跟我们讲，只要你们中国企业来，是在高于9个人低于50个人这个范围内，就可以给你个人免税，或者说减大幅度的税，但企业的税我不会减。其实企业的税不高，它的个人所得税很高，但是你要高于50人，对不起，我就不给你免税了，你是大企业了，我们不欢迎。更多大企业来这儿是占有我们的资源，虽然给我们提供税收，但是占有我们资源。比如沃尔玛来的时候，它是不能开到我们城里，必须要开到郊区。就是离城里20公里的地方，大家可以周末开车去买东西，或者平常去20公里以外的地方去买东西。它如果开到我们城里的话，就意味我的小卖部要倒闭了。它开一个，虽然看似当地提高了收入水平和税收，但是我这一片的小卖部全关了，这些人还要重新找工作，破坏了我们的市场生态。

我当时听完这个觉得挺有感触的。其实，原来也听过类似的故事。但是第一次从对方的嘴里这么说出来的时候，我觉得人家真的就是这么在做。你看到它的沃尔玛全是开在离市中心很远的地方。

你看2008年美国经济危机的时候，虽然当时各行业受波及很严重，但是很快，2010年就复苏了。为什么呢？美国各个洲有大量的小企业，小企业灵活好掉头。大企业倒闭了就倒闭了，美国全国有93%的小企业。小企业一调整经济马上就恢复了，因为它很容易触底反弹。

而这中小企业管理机构做什么工作呢？收集小企业的心声，包括你看那个小卖部的老板，都是这个组织的会员。甚至一个小餐厅的老板也是这个组织的会员。就是咱们这种外卖点，只要他愿意加入这个组织，它就敞开大门。一年只收199美元的会费，在美国对一个企业来讲这是一个非常便宜的价格了，然后这个组织有200余万会员，大约4000万美元，一年的会员收入，它就可以支撑这个组织所有办公室、人员的开销，使整个经济生态完全循环起来。

那么它为这些小企业做什么呢？组织活动肯定是有的，一些普法的活动，一些知识型的讲座，让这些小企业也会串联，当这个区域的小企业都是一个联盟的时候，其实你会发现，他们之间资源整合会非常多。比如一个小卖部的老板和一个卖盒饭的老板，他们就会自行组织协商，你这个盒饭到我这儿来卖，我也会帮你多多宣传。整个组织的目的就是让这种资源盘活，让信息更对等，这些小企业对政府、对媒体有需求的时候，它们负责收集小企业的心声，然后来帮助对接资源和诉求。

我觉得这么做非常有价值，我们首先打通大企业和小企业之间的需求，不断地通过活动和模式，给积极向上的年轻人提供平台。哪怕你就是一个煎饼摊老板，只要你心是正的，合法经营，你说愿意入会，我们都欢迎。那这样你想，未来产生的连接价值会有多大，原来车库的会员是1200（元/年）一个人。草根创业者甚至没注册公司的，你愿意来加入都可以，但产生的价值是巨大的，这些人很多人成为好朋友，资源上更多地整合，甚至有的人本来想创业，后来去那个公司打工了，第二年也不交会费了，因为他已经不需要了。但是有的还是想交会费，它其实最后是一个团体，我们就是连接这些人的团体。

现在市场上也确实有很多这种的俱乐部，也有各种各样的商学院。但是老实讲，我觉得门槛都是高的，而且以盈利为目的的时候很多活动是不会做的。我们不以盈利为目的，赚钱多了我们放在那儿，大家决定我们来干点有意义的事。

安生：那我们来聊聊收集创业者故事的标准吧，因为一提到精神极致，本能感觉就是用一生的时间和心力去做一件事，是上了岁数的人才会达到的一种精神状态。过去我接触的创业者朋友中，70%的项目都挂掉了，20%的人早就换了方向，还有不到10%的人在坚持创业或者项目做得不错。对于年轻人来说，他们变数太多，面临的选择和可能性还太多，所以很难说相识的短短几年时间会是他们极致付出的时刻，很多看似有勇气舍弃然后重新出发的决定，对于年轻人来说，可能只是迫于被动和无奈，对于他们的人生来说，当然也包括我自己，可能还不到成事或者说找到自己真正愿意付出时间做到极致的事业。

苏芮：不一定用时间长短来衡量一个人是否已经极致付出，就好比一个人想登珠峰，或者想跑一次马拉松全程，他清晰地知道目标在哪里，全力以赴地去尝试了，并且做到了，就可以成为一个标杆，一个榜样。

安生：精神极致的例子在各行各业都有，但是一和创业或者商业联系在一起，就会显得不那么纯粹了，这就是这两年我们为什么会反感各种标题党，和包装创始人故事那套东西。

苏菂：我们尽可能摒弃商业，沾商业的事情就用时间的维度去看，比如车库咖啡原来有一个人叫虫爸，突然有一天带着他老婆和孩子决定从北京走到海南，走了一年多终于到了。他这一年的所作所为可能很多人都没有想过，但他就是敢想敢做，给很多人勇气去打破旧有的生活，重新出发。这种是打动我们的精神，不够纯粹的那我们就拉长时间轴去看，是否未来的我们还会被这种精神所打动。

安生：而且一说到精神极致，还有一个本能反应就是，之所以这个人会打动别人，是因为他一定程度上是打破生活平衡的，无论是物质上极度匮乏，还是消耗身体、亏欠家庭等等，却仍在坚持他自己执着和坚信不疑的一个信念。执拗和执着可能就在那一个微妙的"度"上面。而可能在我们看来特别有勇气有挑战的事情，人家自己觉得习以为常，这是由生长环境和基因决定的。

苏茚：是的，就好像一个老工匠一直做陶瓷器皿，他自己没认为怎么样，其实这不就是追求内心吗，他认为自己就应该做这个事，他在享受当下的快乐。

安生：我觉得这是人的一种本能，就像好多人打卡健身，可在我看来，人吃饱了就要动啊，不动我就难受。

苏茚：我们都会敬佩其他人做到了我们没有做到的事。

安生：我倒是觉得人做很多事情心安是最重要的，很多兴趣爱好或者做事情是让自己无处安放的灵魂找到寄所，我觉得追求本心倒不如说是听从本心。

苏茚：像杨柳松，他也认为徒步中国那么多无人区是一件再正常不过的事情，但在多少人看来他很伟大，他的行为在他自己看来微不足道，但我们会在不知不觉中受到这种精神的激励。

安生：所以我说这跟每个人的生长环境和基因有很大关系，像我就不羡慕徒步中国的人，因为我从小就跟我父亲越野，走沙漠戈壁，当兵我也在山沟里，每天在库区走好几个来回，还天天扫山，后来自己也走过喜马拉雅ABC大环线，但我就特崇拜会做手作的人，因为我一是坐不住，二是手笨，做不来那么灵活的细活，所以我发现书里就写了三个做手作的人。

　　苏苪：所以每个人被触动的神经也不一样。

　　安生：其实，我们都羡慕那些我们想拥有却无法实现的人生。

　　苏苪：是的，体验过人生，才知道什么是自己真正想要的，什么是自己最喜欢去做的事情，他们来到博物馆，看到这些奇特的人，会站在别人的角度去感悟不同的人生。

　　安生：这就是文艺青年的好处，通过书籍电影，阅别人的故事，历自己的人生。

　　苏苪：活出自己，像我父亲，我也羡慕他，快80了还一年去5个地方玩。

　　安生：就像我爱看一些综艺，刚开始觉得标新立异的人怎么那么多，后来慢慢发现，人活着谁没点故事和经历，可能别人看起来特立独行，但是以自己喜欢的方式活着就是一种成功。不过我们是记录者，评判留给时间和社会。

　　苏苪：是的，一个故事总能感动一些人，我们要注意描述的方法，看过《勇敢的心》《阿甘正传》吧，为什么好的电影能打动人，因为它用艺术的手法展现精神的凝结。为什么会觉得经典，因为他们克服或者超越了常人的认知。为什么这么多人喜欢埃隆·马斯克，因为他在挑战人们认知的维度。只是打动我们的还有很多小的埃隆·马斯克，包括你书里所写的主人公，这些人也在某些维度打动了你，而这种维度使你超越了对社会的理解，对人性的理解。这些精神都是激励人类前进的源动力，只是很多人真的没有办法理解。

安生：我觉得这跟我们读科幻作品有关，你把人放在更广阔的时间和空间之中，就不会局限于这短短的一世，所以我们所敬佩的人自然有了衡量他们的维度。

谈个人性格及价值观的形成

安生：你这么佛性是因为三年前那趟旅行改变的吗？

苏荷：没有，我一直都这样。我小时候喜欢打游戏，一打游戏就废寝忘食。你会发现我把工作变成游戏的时候就有突破它的成就感，就在挑战自己的极限，我觉得两者有点像。

我大学时期第一次打工的时候真的很疯狂。不知道我的主动性来自哪儿，来一个人，我就上去问人家，买什么？有人会冲我一笑，有人会被我吓一跳。其实，那会儿我交了很多客户朋友，我从来没有把别人的看法当作一个主要参考，我就自己发自内心地去热爱这件事情。然后发现销售成绩还不错，包括毕业之后做第一份工作的时候也是如此。

所以，有热情的时候你就不会觉得累。然后我就想享受那种做成事的成就感。我觉得自己一直是以成就感为导向的。

安生：我觉得你是一个痴人，喜欢一个东西的时候投入精力就特别多。

苏菂：是这样的，其实车库咖啡是我第三次创业了。第一次是在上大学时，后来中间还有一次，我每次一放弃就变成一穷二白了，什么都不要了，我就是想去干。到车库咖啡第三次创业的时候，包括我大学在西单卖电脑的时候，我家里人都不理解。但后来觉得我选择的是对的，包括这次弄博物馆，我们家里人也不是特别理解，捐那么多出去干吗，生活怎么办？每次他们当然替我操心，我觉得不需要理解。反正就随着我的性子干了。

我十年前还在上班，有一段时间很喜欢名牌的，那会儿我们一年也能挣50万元左右，有一次干洗一双鞋，很贵的鞋给洗坏了，我觉得鞋也就是那么回事。后来到美国发现这些名牌都好便宜啊，比国内便宜多了，后来就慢慢淡了，后期就喜欢穿运动服了。发现一下节约了很多，原来在上面花了不少钱呢！

我人生当中第一辆车是在2008年29岁时买的。当时是18万元，我觉得开着也挺好的。那一年拿奖金买的那辆车，开着车到处玩，感觉好幸福啊！终于有了人生第一辆车了。当时18万元买的那辆车，剐了蹭了可心疼了，赶紧修，开车时也小心翼翼。后来开了五六年换了一辆车，换了一辆60万元的车。

现在这个车刚上路就剐蹭了，蹭就蹭了吧，已经平淡了。而且我现在根本没空开它，天天喝酒，天天也不想开车，脑子里转那么多事，我觉得这物质的东西没太大意义。有这个钱还不如买一个理财产品呢，我现在伺候这个车我还亏那么多钱，感觉真不值。

我尝试过，但发现都不是我想追求的东西，慢慢地你会发现物质是累赘，生活越简单越好，收获反而会越来越丰富。

你看我永远只抽红塔山，抽了十几年了。

安生： 但我有时候觉得，你现在鼓励这帮年轻人无欲无求，是不是有点早？

苏莇： 我不鼓励无追求啊，鼓励追心。你觉得什么让你幸福、快乐你就去追求。钱让你幸福快乐，那你就去追求，但我反而觉得如果你追求的是幸福快乐，钱都是自然而然的事。所以我现在想赚钱也很简单，但我就觉得单纯追求钱并不快乐。给我钱我还不知道该干吗，花钱其实也是件很辛苦的事，像给你五个亿，说实在的，你要琢磨好几个月该怎么花出去。

安生： 关键是我觉得我没有到你那个份上，毕竟我还没赚过那么多钱。

苏芬： 我也没赚过多少钱。

安生： 所以我们现在谈钱这种话题，对于钱无欲无求，是不是有点吃不着葡萄说葡萄酸呀？

苏芬： 也不是，我要想赚钱还是挺简单的。

安生： 我想赚钱可能还需要费点劲。

苏芬： 去年他们送给我200个比特币，3万元一个时送我的，当时值600万元。第二天200万元就打我账上了，我都没动，就扔在那儿好几天。

安生： 心真的没"咚咚咚"多跳两下吗？

苏茚: 是跳了一下，就扔那儿了。其实那时要炒比特币可能赚钱了，600万元的本金能赚不少钱呢。去年帮朋友牵线，牵线太多了，每年牵成百上千个线。朋友什么也没说，给我打了200万个他的币，当时2块钱一个，相当于给我打了400万元过来，现代变成90万元了。后来一年我也没有动，最低的时候市值30多万元。我把这种意外之财当作没有。我不知道这些钱该干吗。钱也不够大，你说买套房子，我又觉得亏。你说这个钱干吗，投资也没有那么多渠道，就先在那儿扔着吧，改天有机会用这些钱再说。

安生: 我们这代年轻人，有的人还是比较会在意这些世俗上的东西；有些人觉得反正努力了也就是那么着，还是买不起房和车，还是没办法在北京落户，那干脆就佛性一点。

苏茚: 我觉得生活快乐是最重要的。每个人快乐的目标不一样，比如买房买车能给他带来快乐，他就应该去追求，如果你说徒步中国能让你快乐，那就把突破自己的极限作为目标。

安生: 你是怎么找到原来干这件事可以给你带来幸福?

苏茚: 我觉得幸福这事特别简单，半夜没烟的时候，发现烟灰缸里还有半根烟，赶紧捡起来抽；好久没穿的牛仔裤，拿出来穿的时候

一摸，里头一张一百元钱。比如说我昨天那个电子烟丢了，丢了一个
礼拜了，突然朋友给我打一个电话，说你的电子烟在我这儿，给你送
过去，失而复得就是小幸福。每个人都有这种幸福，你没有想到、意
外得到的东西有时候就是很幸福。

谈对创业的看法

安生：你觉得现在中国有创新吗？

苏芮：有啊，只不过缺少有人支持，缺少人鼓励而已，有很多小
的创新。模式创新也是创新，起码比墨守陈规强。为什么这么多人都
喷这个模式创新呢，难道原来没有创新时，你们更开心吗？那我们本
来起步就比发达国家晚一点，我们有创新就应该鼓励啊，非要有人去
喷，喷了你也不会说喷出一个技术创新来，不断鼓励才有人敢大胆尝
试。

安生：比如说你觉得什么是创新啊？

苏芮：滴滴打车，包括摩拜，我觉得都是创新啊。

安生：我刚才内心独白是，不要讲共享出行的例子啊，因为我并
不觉得这样的商业模式是有价值的。

苏芮： 你不用管它是不是有价值的，它是有创新的对吗？

安生： 但是创新如果没有价值，制造出一大堆废铁……

苏芮： 那没关系，无数的创新，你必须允许创新失败和没有价值。你必须要鼓励所有的创新。在美国社会也有无数的这样的创新啊，为什么不像我们这样去喷啊，对不对？

安生： 你的意思是我们要对创新有宽容。

苏芮： 对，要有宽容。你不能说人家有勇气去试的时候不允许人家出错，谁能一上来就成功了。什么叫创新，你百度搜一下。上头有一个花瓶，你直接够，够不到。凳子的作用是用来坐的，这会你把它推到那儿，踩着凳子，借助它的帮助，去拿那个花盆，这是最基础的创新。在你的脑海里，逻辑里先构架了这么一个流程，然后拿行动去辅助它。大部分人是没有逻辑流程，甚至没有行动的。我觉得像这种共享出行已经有逻辑，已经行动了，那我们干吗要一直批评它呢，我们应该对它是宽容的，失败就失败了吧，浪费点钱怕什么？

安生： 有一段时间在创业大街我有点看不懂，被大家吹捧的独角兽是以什么标准来衡量？是不是资本、媒体、CEO 三者共同吹起的泡沫？你怎么看？

苏萌： 太热了，钱也太好拿了，有点泡沫是好事，才能沉淀人才，沉淀出真正想做事情的人。这是一个充分竞争的过程，"乱世出英雄"。其实资本也挺痛苦的，它希望找到一个有雄心壮志的，又能脚踏实地，能干到第一的独角兽，但事实上这样的人才和机遇也是屈指可数的。

与其把这个过程看作泡沫，不如真正去关注创业者对社会带来的变化，创业潮带来的其中一个结果是有更多人在不断提高基础学习能力，这是推动社会进步的重大意义。

安生： 你觉得什么样的人才或者什么样的创业者是应该被大家所尊重或者是学习，或者作为榜样的？

苏萌： 我更看重精神层面的东西，你做的事大小不重要，追求自己想追求的东西才重要。不是每个人的梦都是做世界第一、中国第一。所以我们不要用我们觉得"最厉害的人"或者那些在浪潮之巅的巨人的标准去套用每个人，那他累死了。

安生： 在这个过程当中不可避免的是竞争这个问题。

苏萌： 你做你自己最爱的东西，做到极致你都不怕，你怕什么竞争啊？

像我这个博物馆，我不是太担心竞争，我觉得我是投入很多灵魂、很多想法，很多心血做出来的，我觉得别人很难达到我这三样东西，而且不存在什么竞争。

像你写这本书，我相信你能感动更多的人，是因为你内心就是真爱。可能也有些人是觉得写书也挺好，他自己去尝试，或者说根本不是发自内心的热爱，而是看到你某一些点去模仿你的书，但他的书肯定会差你很远。你秉持你的内心，踏踏实实去做，对方是永远无法超越的。你的内心才是你最大的竞争对手。

安生：那你怎么看待恶性竞争？

苏茵：挺讨厌的。不止中国，全世界都这样。许多人说中国人爱抄袭，其实外国人一样。我原来朋友做一个游戏，FLASH时代，在美国一发行被美国一团队抄袭了。给它改吧改吧也一样，人心有向恶的东西，很正常，都是要面对的。

安生：你有没有觉得因为创业而亏欠家庭？

苏茵：没有吧，我觉得我们家里人也挺幸福的。因为我快乐他们也快乐。其实我给孩子最大的礼物，可能是我今天做了很多的事情。

其实你看人类存在是因为繁衍后代，老实讲，很多个性是基因上定格的，生生不息传承着。为什么一定要生孩子，给孩子最好的教育，为什么学区房那么贵还要去买，其实就是人类本身的这种意志，你要让后代过得更好。

所以我每做一件事情都是对社会有价值的时候，其实我的后代至少是13亿分之一的受益者，最后对北京来讲，至少2000万分之一的受益者。实际上在你的影响下，孩子的受益非常多。每个人都这样去做事情或者有这种思维习惯的话，这个社会进步非常快。

我相信闺女长大了，她肯定会以我为荣的。她的目标会更高，对这个世界理解得会更多，这是我认为对她最好的教育。

安生：你觉得中关村为什么会成为中关村？

苏菂：首先许多国内著名院校，科研机构在这儿，人才聚集。其次你说倒买、倒卖电脑，主机板这群人，他们先接触新鲜事物，非常聪明，对新事物很敏感，这帮人聚集起来价值特别大。自古以来人类有部落聚集才有人类的发展，这些人讨论是不是一块越过这座山，或者谁能当先锋越过那座山，还有人类的边界，不断地扩大。如果没有讨论，天天一个人想，他第一不敢跨越那座山，第二不会有思想上的碰撞。

思想聚集的价值特别大。大学其实最大的价值也是思想聚集，老师和学生的聚集。

写在最后面

写作的过程就这么结束了。

可能会有人问，采访的对象是怎么选择的，为什么选他们？

首先，这些人在自己热爱的领域内深耕、无我，且取得了一定的收益和成果。他们并不是世俗意义上理解的成功，因为成功有阶段性，并且成功来自于自我的价值判断，更重要的是他们身上都有一些值得世人学习的特质和追随的精神境界。我想借由他们传达一些普世的价值观念，这些道理并不过时，也并不复杂，但却可能被功利、浮躁的社会所遗忘。

他们身上都具备一股正向的能量，正向的信念和正面的做法，因为商业实际上是混杂着名与利、成与败，相对不那么纯粹的领域，但这些人却秉持着自己的初心和价值取向，担负起社会责任，去做对更多人有帮助的事情。

这些人也是我接触过的人中，我很钦佩和向往的人，因为还有许多优秀的创业者在努力做对社会有贡献的事情，只是我没有缘分接触，一时还未找到他们，所以没有机会去写他们的故事。所选择的这些人也许不够全面，但却是绝大部分创业者的缩影，所经历的挫折可能各不相同，但面临挫折时所反映的人性的光辉是具备共性的。

虽然所写的人不多，但这10个人两两之间互为对比：海波和曾老都是做音响的，但是他们设计产品的思路完全不同；曾老与蓝博士同被外界定义为"匠人"，但是他们对"匠人"的理解完全不同；娜姐与蓝博士同样是做教育，一个快速融资，占据市场，一个提倡慢下来，对于孩子的成长不要那么着急；海波和老韩在我心中都是好玩的人，但是他们的好玩却是两种完全不同的风格……他们有共性，都是学习能力超强，有社会责任感，心存高远，敢于拼搏和冒险的人。但他们也持有完全相反的观点和做法，就像一面镜子，没有是非对错，这其中的见解就仁者见仁智者见智了。

我所记录的主人公，平心而论，是我非常钦佩的"老师们"，哪怕放在一个更大跨度的时间范畴和坐标体系内，他们也是真正具有价值的人物。他们的存在，让我不断审视自己，并启发我成为一个更美好、更自由的人。将来，我希望自己也能像他们一样，成为推动商业变得有趣的一分子，而不是变成赤裸裸、空洞洞的一个商人。

这本书呈现的只是在某一个时间和空间中，我与受访者当下思想和状态的横向扫描面，不一定全面或者完整，因为我自己本身学习专业就是与文字打交道，我发现很多语句是话赶话，正好在那个语境下就表达出来了，并且一个人你可以用任何词汇去形容他，只要符合当下的语境和逻辑即可。但我和我所写的人物都是真诚的，善良的，我们未来一定会改变，甚至推翻然后重来。他们在不断经历，不断反思，然后到达一个新的高度。

写作的初心是因为自己经历过休学创业、当兵、做主播，结识了这么多优秀的创业者，他们在我人生迷茫、不知所措时给予了很多帮助和指点，同时我也经常收到很多粉丝的留言，倾诉他们的烦恼和困惑。我希望把这些人的做法和精神层面的东西分享给更多人，能真正帮助到大家。

我刚开始只是想写创业者的故事，但是写着写着发现写成了创业者的前半生或者一生，因为创业只是他们活着的方式，是他们的所思所行，他们不断尝试找到了适合自己的道路。我不是鼓励大家都去创业，而是通过他们传达一种精神或者一个信号：明白自己创业的动机，可以帮助你更好地去创业。

　　同时在这个过程中我也在反思，自己偶尔还是会有偏见，为什么会经常问女性创业者事业与家庭如何平衡这样的问题，这让我感到羞赧和惭愧，社会发展到今天，我们对待男性创业者和女性创业者的态度还是不够公平，同样是人，为了自己热爱、愿意付出的事业怀抱热情，全身心投入，为什么会有男女性别的差别对待，难道女性只有家庭美满才是唯一评判其成功与幸福的标准吗？

　　关于这本书的内容，这是我一次有趣且有意义的探索，我希望创业者能将这本书带给你的思考分享给更多需要帮助的创业者。

　　同时我非常感谢书中所写这10位创业者愿意放下戒备，和我聊聊盔甲背后的故事，我也要感谢对我写作提供帮助的人：蛋解创业创始人耿伟以及全体蛋解团队、张文龙、彭林、侯毅谨、田烈旭、高景宣、吴孟雄、李珺、杨柳、王楚涵、陈鲁静还有一直支持我的听友、家人、朋友们。

　　再次谢谢你们认真读完这本书！